W0342958

MA MÉTHODE
BIEN-ÊTRE

À Yvette.

Direction éditoriale
Aurèle Cariès

Conception graphique et illustrations
Violette Bénilan

ISBN : 978-2-221-25396-0

ALEXANDRA ROSENFELD

MA MÉTHODE
BIEN-ÊTRE

Photographies de Romain Rigal

Robert Laffont

Préambule

Trois lettres qui symbolisent ma vie, et résument la méthode que j'applique tous les jours, et qui me guide. Je la prononce « AGI », comme « Agis ! passe à l'action ! » : un mot de trois lettres, comme pour me dire : « Fais ce que tu aimerais faire au plus profond de toi. »

Ma méthode vise l'accomplissement de soi, elle propose d'ouvrir une à une toutes les portes du bien-être pour accéder au bonheur fondamental, celui qui nous dit que nous sommes à notre place. Je propose des clés, des outils pour ne plus avoir peur de faire une erreur, tout simplement pour oser penser en priorité à soi, à ses envies, et les réaliser. Cette énergie centrale qui constitue notre personnalité nous engage à aller vers les autres, à échanger et à nous donner en retour force et confiance. Chaque jour, en enseignant le yoga, je transmets mon énergie et ma discipline... Une chose très importante : la frustration ne fait pas partie de ma vie.

✦ AYURVÉDA

Soins traditionnels millénaires originaires d'Inde, ces « sciences de la vie » reposent sur la théorie des énergies vitales. La pratique de l'ayurvéda apporte sérénité et confort. Elle accompagne mes journées, mon équilibre, mon alimentation. Toutes les pratiques que je propose – ou presque – s'en inspirent.

✦ JOIE

Réussir à nous dépasser sans nous abîmer physiquement et moralement nous met en joie et nous mène à la plénitude : être en accord avec ses choix et cultiver son bonheur.

✦ YOGA

Il montre la voie : apprendre à respirer, à écouter son corps ; découvrir sa vitalité, sa force, ses muscles ; retrouver sa concentration, sa présence, et prendre confiance en soi.

Introduction

J'ai commencé le sport quand j'avais cinq ans. Comme la quasi-totalité des filles de mon village, mes parents m'ont inscrite à l'école de danse de Saint-Thibéry, petite commune près de Pézenas, dans l'Hérault. J'adorais danser avec mes amies, on prenait conscience de notre corps et de nos mouvements dans l'espace. Cela développait l'écoute entre nous ; nous apprenions à nous coordonner en musique. Mais très vite, j'ai eu envie de pratiquer un nouveau sport, le foot. Je jouais bien, je n'avais pas forcément une très bonne technique, mais j'étais téméraire. J'étais aussi à l'aise avec les filles qu'avec les garçons. Je me préférais en pantalon et baskets et ne portais jamais de jupe. Aucune peur du contact, même si j'étais une brindille au milieu des copains. Mon principal atout : la vitesse. Car j'étais vraiment très rapide. À la maison, en classe, dans la rue... je ne marchais jamais, je me déplaçais en courant.

Dans la cour de récréation, les parties de marelle ou de billes me lassaient très vite, alors j'organisais des courses de vitesse. À tel point que mon institutrice, Mme Vernière, a proposé à ma mère de m'inscrire dans un club d'athlétisme. J'ai suivi un entraînement pour la première fois à l'âge de huit ans. Ça a été une révélation. Tous les mercredis et samedis après-midi, je courais autour du stade. Impossible de m'ennuyer. En quelques heures, je découvrais plusieurs disciplines : le sprint, le fond, les sauts en hauteur et en longueur, les différents lancers. C'était le début d'une superbe aventure qui a duré plus de dix ans. J'ai passé tous les week-ends de mon enfance et de mon adolescence à m'entraîner et à essayer toutes les spécialités. À l'âge de douze ans, j'ai choisi celles qui me plaisaient le plus, le demi-fond, le saut en hauteur et le cross-country. Été comme hiver, tous les dimanches, c'était jour de compétition. Même pendant les trêves, je demandais à ma mère de m'autoriser à participer à des courses à pied pour adultes. Elle obtempérait, pour me faire plaisir, et me conduisait au lieu de ralliement.

Je partais en stage à Font-Romeu, dans les Pyrénées-Orientales, et en Italie, en République tchèque, en Slovénie, etc. avec les meilleurs éléments de la région qui étaient devenus mes frères et sœurs. J'ai tout partagé avec eux, les premiers voyages, les premières escapades nocturnes. Nous avons grandi ensemble et échangé sur tout, sans tabous, avec humour et autodérision. Puis, vers quand j'ai eu dix-sept ans, certains ont petit à petit cessé de se rendre aux entraînements. Ce rythme n'était plus compatible avec les études. Moi-même, j'ai décroché. C'était plutôt le stress du dépassement de soi qui me freinait. Se donner à fond tous les jours, courir presque jusqu'au malaise ne m'apportait plus autant de joie. En arrivant à Paris à dix-huit ans, à la suite de mon élection au concours de Miss France 2006, j'ai complètement arrêté l'athlétisme, cette pratique quotidienne que j'aimais tant et qui m'a construite.

À cette époque, un nouveau chapitre s'ouvrait pour moi : fini les baskets, place aux talons H 24. Je quittais un village de deux mille habitants pour me retrouver projetée sur le plateau de Marc-Olivier Fogiel, en direct, quelques heures à peine après avoir reçu la couronne. J'étais jeune, sportive, endurante, et pourtant mon corps s'est très vite mis à souffrir. Il subissait mon changement de vie radical et vivait un stress permanent. Il m'a rapidement donné des signaux d'alerte, des maux de dos fréquents. J'ai consulté des kinés et des ostéopathes. Cela allait mieux sur le moment, mais les douleurs finissaient toujours par revenir. *A posteriori*, j'ai compris que ce n'était pas seulement physique mais que c'était bien plus profond. Mes épaules avaient tout simplement du mal à soutenir ma nouvelle vie.

J'ai entendu parler du yoga et de ses bienfaits, j'ai foncé. J'ai essayé un cours, j'ai détesté. Ce n'était pas adapté à mon envie de me dépenser, il fallait respirer bizarrement, s'allonger, chanter… Selon moi, ce n'était pas du sport. Aujourd'hui, je reconnais que j'étais à côté de la plaque ; je n'avais pas encore compris que le yoga était une discipline complète, que le corps et l'esprit sont indissociables. Je n'étais tout simplement pas prête. J'ai préféré me tourner vers les sports de combat. Pendant plusieurs années, j'ai tapé dans des sacs. C'était ce qui me convenait, j'en avais besoin.

Parallèlement – même s'il m'a fallu un peu de temps –, j'ai fini par m'adapter à ma nouvelle vie de jeune Parisienne. Je me suis construit un environnement, j'ai choisi mon entourage, sain et rassurant. Je me suis ouverte à l'art, à la gastronomie, au théâtre… Je me sentais bien, je me sentais libre. Puis je suis devenue mère. Ava, mon premier enfant, ma fille d'amour… Nous sommes extrêmement soudées. Avec son père, nous nous sommes séparés quand elle avait deux ans et demi, et depuis elle vit avec moi. C'est une enfant très douce, bienveillante et généreuse. Elle m'a fait grandir et m'a appris à ne retenir que l'essentiel, à ne me tourner que vers ce qui me correspond vraiment.

Je suis revenue naturellement vers le yoga, attirée par ses vertus. Je voulais comprendre les yogis, ressentir la bienveillance et la sérénité qui se dégagent de cette pratique, loin de toute compétition. J'ai eu envie d'avancer sans être la plus rapide ou la plus forte, simplement d'avancer, et j'ai voulu tenter ainsi d'alléger mes douleurs dorsales. À côté de chez moi, à Paris, il y avait un studio de yoga qui proposait différents types de pratiques, du hatha, du kundalini, du vinyasa, du ashtanga, du yin, du iyengar et du warrior. J'ai tout essayé et cette fois-ci, j'ai tout adoré.

Le yoga m'a guérie du mal de dos et est devenu mon allié. Aria Crescendo, ma professeure, m'a énormément apporté. La relation entre l'élève et l'enseignant est très importante. Aria m'a transmis plus qu'un savoir, elle m'a appris à me connecter à moi-même, c'est-à-dire à m'écouter. J'ai donc progressivement pris conscience de mes besoins. Chaque partie de mon corps devenait vivante, même les plus infimes et oubliées comptaient désormais, et je devais en prendre soin. Pour y arriver, il fallait se faire confiance, tout simplement. Jusque-là je me sentais bien dans ma peau, je connaissais mes capacités mais j'avais toujours tout obtenu dans la compétition : compétition avec les autres, compétition avec moi-même. Grâce au yoga, j'ai compris que l'on pouvait apprendre à se connaître, à s'aimer et à s'épanouir d'une autre façon. Pas à pas, j'ai gagné en confiance, en estime de moi. Je suis devenue importante à mes yeux, c'était cela, ma réelle victoire.

Depuis quatre ou cinq ans, je vois des amis, autant de femmes que d'hommes, appréhender le cap de la trentaine ou de la quarantaine, lâchant un certain nombre de phrases accompagnées de moues déconfites, telles que : « C'est sûr, à trente ans tu n'es pas vieux, mais tout de même tu ne fais plus partie des jeunes... » Personnellement, j'ai adoré avoir trente ans. Mère célibataire épanouie avec une fille en or, je me connaissais mieux, j'avais confiance en moi. Je savais de plus en plus ce que je voulais et j'osais dire non. Dix ans après mes titres de Miss France et de Miss Europe, je me trouvais même bien plus jolie.

Un jour, je me suis posé très simplement cette question à voix haute : « Que veux-tu réellement faire de ta vie ? » J'y ai répondu avec autant de sincérité : « Qu'elle ne soit qu'un kiff. » Ava a repris spontanément : « Allez, maman, kiffons. » Le yoga se dessinait comme mon véritable choix de vie. Alors j'ai commencé à me former, à lire, à le pratiquer tous les jours, à apprendre aux côtés de tous les professeurs que je croisais.

Puis j'ai rencontré Hugo, mon grand amour. Ava l'a choisi autant que moi. Il était le troisième côté du triangle, symbole de l'équilibre. Cet équilibre m'a incitée à me lancer concrètement, j'ai pris mon courage à deux mains, j'ai quitté mon travail d'alors, et j'ai tout fait pour devenir professeure. Je transformais ma vie, et j'allais incontestablement transformer celle des autres.

CHAPITRE
premier

L'ACCEPTATION DE SOI

T

« Trop grosse », « trop maigre », est-ce que ces termes ont du sens ? Libérons-nous des modèles et des stéréotypes de beauté que le genre humain s'est imposés. Bienvenue au XXIe siècle ! Les photos de mode, les publicités des abribus et les affiches de silhouettes photoshopées n'aident pas à nous apprécier dans le miroir. À lire les magazines, il faudrait avoir les muscles d'Untel, les fesses d'Unetelle, le nez de telle autre. Pourtant, nul n'est parfait ! Et au nom de quelle perfection faudrait-il ressembler à un modèle, aussi joli soit-il ? Quel code, quelle mode ? Ceux que l'on nous impose ? Un jour maigre, le suivant ronde ?

Durant mon enfance, et cela a duré longtemps, les commentaires sur ma morphologie n'étaient pas toujours sympathiques, et même souvent difficiles à entendre. Je sais combien un enfant, fort ou menu, peut souffrir de discrimination. Le regard des autres et les remarques déplacées font mal, beaucoup de mal. Vous pensiez peut-être que l'on fait des commentaires sur mon corps depuis les élections de Miss France et de Miss Europe ? Eh bien non, on donne son avis et on critique mon physique depuis le jour de ma naissance.

Afin d'alerter l'opinion, de donner à réfléchir et de soutenir les personnes victimes de discrimination, j'ai créé un post Instagram – vous pouvez le trouver en story à la une – nommé « Pour les cons », dans lequel se trouvent neuf photos, du jour de ma naissance à aujourd'hui. Chaque image est accompagnée d'une petite légende rapportant des remarques que mes parents, mes amis et moi-même avons toujours entendues. « Elle est mimi mais pas épaisse », « C'est normal de gagner les courses, elle est foutue comme une Kenyane », « Fais manger ta fille, même le chat est plus gros qu'elle », « Elle était plus grosse "avant" », « Elle ne vient pas d'accoucher... c'est pas possible », « C'est moche, on voit ses côtes », « En fait, faut pas qu'elle montre ses épaules », « Ni ses bras ».

En réponse à ce post, j'ai reçu plus de 1 200 commentaires, et autant de messages privés, de la part de personnes qui avaient subi, elles aussi, toute leur vie durant, des remarques vexantes. Il s'agit d'une véritable discrimination. Ces personnes finissaient par se détester et pouvaient en arriver à cacher leurs bras dans des manches larges ou à se forcer à manger pour grossir. Ces témoignages mettent en lumière le phénomène de la « minçophobie ». On entend plus fréquemment parler de la « grossophobie » dans les médias et les livres – et il s'agit bien d'une oppression sociale tout à fait abjecte et injuste –, mais il ne faut pas nier qu'il existe une discrimination à l'égard de la différence en général, et notamment des personnes très fines, considérées comme maigres, sans compter celles dont les formes et proportions sont si discrètes que certains osent se moquer d'elles en les qualifiant de « demi-portions ».

Dès mon plus jeune âge, j'ai été à tort qualifiée de « maigre » (je déteste ce mot – trop entendu depuis ma naissance), ou bien j'ai vu ouvertement pointée ma différence par des remarques irrespectueuses sur mon physique. Cela effrayait mes parents qui avaient peur que j'en souffre. Heureusement, je n'ai jamais été touchée au point d'en être complexée. Je me suis toujours sentie relativement à l'aise avec ma morphologie : filiforme à en paraître maigre, j'étais tout simplement en marge de la moyenne. Malheureusement, chez le commun des mortels, la singularité fait peur et suscite la mesquinerie, l'intolérance. Je m'indigne contre ce manque de discernement qui me met profondément en colère. Notre constitution nous est donnée, offerte. Vous viendrait-il à l'esprit de critiquer une couleur d'yeux et de préférer le vert au bleu ou au brun ? Finalement, critiquer une personne forte ou mince, grande ou petite, c'est un peu la même chose. Faisons preuve d'intelligence, ne vexons personne inutilement, et remercions la nature de nous avoir faits si différents.

✦

L'HARMONIE DU CORPS ET LA CONFIANCE EN SOI

Au-delà des critères de beauté de mode – jambes longues, buste et seins, port de tête, muscles… –, l'harmonie d'un corps relève en réalité de la confiance en soi. Nous tous avons traversé des périodes de doutes sur l'appréciation de certaines parties de notre corps. Il nous est peut-être même arrivé de ne pas nous aimer du tout devant la glace. En réalité, c'est le regard de l'autre qui nous inquiète, son éventuelle moquerie. Car le jugement facile est une arme de jalousie, de destruction.

Le danger est de confondre la différence et l'imperfection. Être différent n'est pas être imparfait. Vouloir ressembler à la moyenne s'apparente à se fondre dans la ressemblance et à refuser d'être vu. L'expression « faire la différence » parle d'elle-même. Quand une personne *fait la différence*, cela veut dire qu'elle a du charisme, qu'elle se démarque. Nous sommes constitués de subtilités, de détails. Notre harmonie est totalement unique, elle est puissante, tout comme l'est la rencontre de l'autre, qui nous apprécie au premier regard, nous sourit au détour d'une rue, d'un magasin, d'une soirée entre amis. Il suffit parfois d'un signe apaisant et notre visage s'ouvre. C'est ainsi que nous gagnons en assurance et que, progressivement, celle-ci se transforme en force.

Quel que soit notre âge, tout petit à l'école, adolescent ou adulte, notre épanouissement personnel passe par l'acceptation de soi et de sa propre singularité. Cette confiance en soi est parfois difficile à gagner – tous les enfants n'ont pas la chance de grandir dans un environnement valorisant –, mais au fil du temps, elle s'installe. Un

sourire, une main tendue et nous apprenons que cette main s'adresse à nous en tant que personne unique et heureuse d'être aimée pour ce que nous sommes, pour notre personnalité. Car nous sommes ainsi faits que nous avons besoin d'être reconnus. Chaque personne est unique ; même des jumeaux dont la ressemblance serait parfaite n'existent pas. C'est notre singularité qui fait notre identité et notre charme. Chaque être devient beau dans le regard des autres dès qu'il s'affirme, s'impose, devient plus sûr de lui. Certains grands acteurs ou actrices sont parfois hors des codes physiques des magazines. C'est bien leur charisme qui transperce l'écran. Leur force de caractère et leur physique original font d'eux des êtres à part.

✦

NOTRE CORPS, NOTRE ALLIÉ

On parle parfois d'une personne « bien dans sa peau », ou « bien dans ses baskets ». Elle dégage une joie de vivre, une certaine sérénité. Il suffit souvent de quelques moments gratifiants, d'un soutien familial, d'un ami, d'un nouveau travail, d'une nouvelle étape, et nous nous engageons sur le chemin de l'estime de soi. C'est alors que, naturellement, notre corps devient notre allié, notre meilleur ami, le miroir de notre bonne humeur et que nous décidons de lui faire du bien. Nous devenons plus conciliant, moins sévère avec nous-même, plus ouvert et à l'écoute de nos véritables besoins. Ce qui nous horripilait, ce que nous ne supportions pas dans notre personnalité, peut devenir tout à fait secondaire, voire un atout. Il est assez fréquent de rencontrer une personne qui, avec les années et la maturité, comprend que son nez qu'elle trouvait si disgracieux ne l'est en fait pas, mais contribue à l'équilibre de son visage. « Quel soulagement de ne finalement pas avoir procédé à cette opération ! »

Il est vrai qu'il n'est pas très facile d'apprécier pleinement notre enveloppe corporelle. Car le miroir fige notre image, et ne nous renvoie pas nos expressions naturelles. Nous nous cherchons. C'est pourquoi nous voir en mouvement dans une vidéo, ou même en photo, nous attire, nous intrigue mais nous satisfait rarement. « C'est moi, cette personne ?... » Notre œil s'aiguise plus facilement à repérer nos défauts alors qu'une réaction contraire est possible. « C'est moi, là ! » Tout simplement moi. Je me suis apprivoisée très jeune. J'ai totalement accepté mes bras très fins, ma bouche immense et mon côté « fil de fer ». La pratique du yoga a fini de me convaincre de la valeur du corps qui est le mien. Commencer par s'apprivoiser, faire l'effort simple de se regarder différemment en se tournant vers l'essentiel : prendre soin de soi. Il devient alors plus simple de panser son corps, de le respecter par une bonne alimentation et une activité physique régulière. L'important est de rester maître de notre pensée, c'est-à-dire de ne pas subir le *diktat* des critères de beauté du moment.

Car fondamentalement – mis à part la chirurgie réparatrice, ô combien salvatrice lors d'accidents, de malformations, de handicaps, de lourd complexe –, je considère que notre morphologie est à l'image de notre ADN, unique, et pour la vie. Chercher à transformer son corps pour atteindre son idéal esthétique, une certaine image de soi, est, à mon avis, une erreur. Au-delà des petits ajustements comme les kilos en trop de l'hiver qui peuvent se perdre facilement – avec de la persévérance et de la motivation –, rien ne sert de courir après le mirage d'une nouvelle silhouette. Notre morphologie ne changera pas ; vouloir la transformer à tout prix, la modeler comme un objet, c'est prendre le risque de perdre notre harmonie, notre singularité et notre charme. Je suis convaincue que la démarche intellectuelle inverse est bien plus intéressante : celle de considérer le corps comme le résultat d'un mental heureux. Le corps s'embellit de la considération que nous lui portons. Accepter notre morphologie est essentiel à notre rayonnement.

✦

L'ACCEPTATION DE SOI

Le yoga m'a ouvert le chemin de la confiance en moi, il m'a aidé à me conquérir et à me rendre plus sûre de moi. Sourire sans crainte du regard de l'autre, c'est gagner un beau pari, celui de montrer avec assurance sa vraie beauté. Il ne s'agit en aucun cas d'un renoncement, mais au contraire d'un commencement vers l'amour de soi, la maturité, la fierté. Se conquérir et s'aimer font avancer vers ses propres ambi-

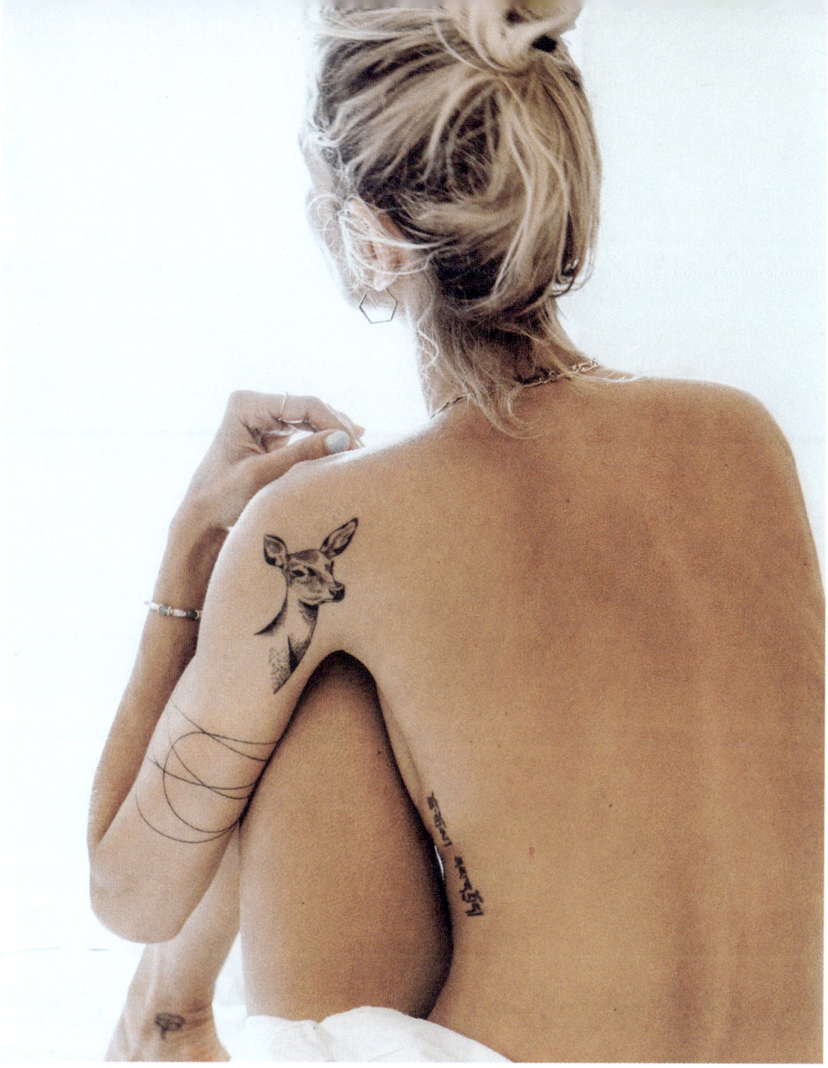

tions, ses choix de vie, et donc vers un bonheur précieux. Je n'accorde plus aucune place à mes détracteurs et je me sens bien mieux ainsi. Car quelles que soient les difficultés rencontrées, s'affirmer et avoir confiance en soi c'est avant tout retrouver son unité, en ce que son corps et son esprit forment un tout, indissociables. Ils s'épanouissent ensemble et se bonifient au point de ne plus recevoir le regard critique de l'autre mais d'attirer la sympathie. Ainsi que le montre trop souvent l'expérience, les gens médisants se comportent comme s'ils repéraient des personnes fragiles pour en faire leurs proies.

D'ailleurs, je n'aime pas que l'on me dicte ce que je dois faire ou qui je dois être. C'est peut-être pour cela que j'ai participé à Miss France ! Je suis comme je suis et je n'ai peur de rien, ou presque. Les critiques sont souvent blessantes, mais je les oublie vite. Rien ne sert de souffrir de propos indélicats ou de maladresses involontaires. Il faut faire la part des choses et penser à sa force, à sa joie de vivre. Je n'étais pas mal à l'aise avec ma morphologie et pourtant, étonnamment, ma féminité ne s'est révélée à moi que bien après les périodes de concours de beauté. Alors que j'en ai gagné plusieurs (et des prestigieux !), je ne me suis sentie vraiment féminine que plus tard, en étant plus mûre, plus âgée. Je me trouve beaucoup plus jolie à trente-cinq ans qu'à dix-huit, à l'âge où j'étais Miss Europe.

Preuve en est que quels que soient les codes, l'image que nous voulons renvoyer, les efforts que nous voulons faire pour être belle, la féminité et son rayonnement viennent de bien plus loin. Ils viennent de notre propre acceptation et de notre connaissance de nous-même, de notre maturité et de notre capacité à nous sentir libéré du regard des autres et à n'avoir plus peur de leur jugement.

✦

SO SEXY...

J'ai parfois grand plaisir à porter des talons et une robe moulante mais honnêtement... pas très souvent ! Je veux me sentir libre de m'habiller comme bon me semble et surtout quand bon me semble.

Le *dress code* de soirée – conventionnel, voire « obligatoire » de mes années Miss – en robe moulante et hauts talons ne me correspond pas. Non seulement je n'aime pas « être obligée », mais en plus je ne me sens pas vraiment à l'aise habillée en femme sensuelle ! J'ai l'impression de porter un déguisement. Aussi agréable à regarder que cela puisse être sur la plupart des femmes, sur moi, je ne trouve pas cela très seyant, non parce que c'est laid ou que je n'assume pas de montrer mes formes mais tout simplement parce que cela ne me correspond pas. Je ne me sens pas à l'aise, je ne me reconnais pas. J'ai besoin d'être libre de mes mouvements. La petite robe moulante, je l'aime avec des baskets, et les hauts talons, je les préfère avec un jean. Je suis pour la liberté et la fantaisie selon l'humeur du moment. Là, je fonce !

SÉDUISEZ-VOUS, VOUS SÉDUIREZ VOTRE ENTOURAGE

Il m'est arrivé, en soirée, de me sentir un peu décalée, de me retrouver seule à porter des baskets tandis que tous les invités avaient fait un effort poussé d'élégance. Mon naturel m'aide alors à trouver ma place. Je cultive mon look à ma façon. Si mes baskets et mon nouveau sweat large que j'adore me font de l'œil et que je n'ai pas envie de me plier à l'obligation d'être chic, j'ai toujours le moyen de booster mon allure avec un petit détail sympa : le sourire. Il est bien plus important de se sentir à l'aise que de faire croire qu'on l'est sans l'être. Cultivons notre bien-être sans complexes. Le charme d'une personne, sa beauté, est avant tout ce qu'elle transmet ; je le reconnais à son rire, à son attitude, à ses mouvements.

Vouloir être la plus belle, se mettre en compétition, aussi amusant et gratifiant que cela puisse paraître, ne me semble pas – à bien y réfléchir – une démarche fondamentalement épanouissante. J'ai rencontré beaucoup de jeunes femmes dont la taille et les mensurations correspondaient aux codes de la mode actuelle. Mais j'ai aussi vu dans le regard de certaines d'entre elles beaucoup de stress et peu de joie. J'ai compris que, depuis leur tendre enfance, elles étaient complexées par leur différence, leur grande taille souvent. Depuis leur plus jeune âge, elles ne s'aiment pas. D'autres s'imposaient des règles de vie strictes pour conserver un poids standard. Elles étaient à la recherche de la perfection du corps, pour que leur image corresponde à l'attente des faiseurs de magazines et aux rêves des lectrices. Quelle perfection ? Je ne sais pas. La perfection n'est-elle pas dans la singularité, l'unité, l'exclusivité ? Elles ne mangeaient pas à leur faim et se privaient de tous les petits extras, leur sourire disparaissait derrière trop de contraintes et de régimes.

Un grand sourire et des traits détendus forment le plus beau des visages. Le sourire éclaire un regard et attire la lumière. Pour moi, la beauté ne se touche pas, ne se commande pas : elle se ressent.

Quelles sont les parties de votre corps qui vous dérangent vraiment ? Et quels sont les détails que vous préférez secrètement ? Mettez vos préférences en valeur, amusez-vous, prenez soin de vous, rien que pour vous. Apprenez doucement à vous séduire, à apprécier vos formes, tout simplement en renforçant vos points forts et en écartant les détails qui vous agacent excessivement. Dans un état d'esprit positif, vos points faibles n'auront plus tant d'importance car vos atouts domineront. Cette démarche de prise de conscience de son corps nous éveille au contact, au sourire, à l'empathie. Séduisez-vous, vous séduirez votre entourage. J'insiste sur le fait que croire en soi, en son visage et en sa personnalité, c'est apporter du bonheur à soi-même et aux autres.

S'apprécier tel que l'on est, être naturel, respecter l'harmonie de son corps. Voilà ce qui nous rend plus fort et nous aide à surmonter les peurs que nous rencontrons au quotidien : peur de s'affirmer, de répondre, d'oser, d'aller au contact des autres. Pour ma part, je n'ai pas hésité une seconde à changer de coiffure lorsque j'en ai ressenti le besoin. Tel le serpent quittant sa mue au printemps, je suis passée des cheveux longs et blonds au carré brun avec frange courte. Une coupe radicalement différente qui correspondait à un désir de changement. Une fois mon choix fait, ma volonté est inébranlable et aucun commentaire ni aucune critique ne peuvent m'atteindre, même si j'ai alors reçu près de vingt messages par jour de la part d'Internautes qui me disaient que j'étais mieux en blonde. À l'heure où je tiens la plume, je suis redevenue blonde, et je reçois déjà un tas de messages me disant que j'étais mieux en brune...

Le bouddhisme nous enseigne à nous détacher du *samsara*, c'est-à-dire des pensées négatives qui peuvent nous atteindre. L'amour que nous recevons et celui que nous offrons, pour être positif et constructif, nécessitent le respect de la personne et de son épanouissement personnel. Les jugements hâtifs, les paroles dominantes sont à bannir. Le bouddhisme nous apprend à rejeter la colère, l'attachement (la possessivité, la jalousie, la dépendance) et l'ignorance (la perte de confiance en soi), et à nourrir nos relations amicales et amoureuses par le dialogue, l'échange et le respect. Car nous sommes tous dignes d'être aimés et de nous sentir beaux.

Notre corps est ce que nous avons de plus précieux, il est notre allié pour la vie. Nous marchons ensemble, nous formons un binôme sacré. Les événements de la vie nous rendent euphorique ou déprimé, parfois fatigué et las, ou à l'inverse plein d'énergie. Il est certain que notre corps réagit immédiatement en réponse à notre état d'esprit. Pour cela, chaque jour, je respecte, remercie, vénère le mien.

✦

« TATOO ET MOI »

Mes tatouages parlent de qui je suis au plus profond de moi-même, librement, aux yeux de tous, sans retenue, en pleine conscience de mon corps. Après la naissance d'Ava, en 2010, je me suis fait tatouer un trèfle à quatre feuilles sur la cheville gauche. Grâce à mon enfant, je me sentais chanceuse, et même la plus heureuse femme du monde. J'ai choisi le côté du cœur et la cheville car depuis notre rencontre, j'avançais différemment dans la vie. Je me sentais femme et épanouie.

Quelque temps plus tard, juste après mon divorce, je me suis fait tatouer le mot sagesse en tibétain sur les côtes, l'endroit où se loge le souffle. Le mien était un souffle de soulagement et de liberté, empreint aussi de la conscience que j'allais vivre seule avec ma petite fille. J'ai connu alors ces souffles qui coupent la respiration et qui font peur, ainsi que le poids des responsabilités dans ma cage thoracique. Dans l'enseignement bouddhique, l'homme devient sage quand il fait tout pour rester sur le chemin du bonheur. À présent, j'allais tout faire pour qu'on y demeure toutes les deux.

Fin 2015, deux jours après mon anniversaire, ma mamie bien aimée, Yvette, est décédée d'un cancer. Ma grand-mère... Ceux qui me connaissent savent quelle relation exceptionnelle nous avions. Quand j'habitais encore dans le Sud, je passais la voir tous les jours, et j'invitais mes amies chez elle. On passait des après-midi à discuter et à rire de tout. Elle avait un tempérament de feu, un carré roux avec frange toujours parfait et des vestes à épaulettes. Son style en imposait. Mamie Yvette pouvait même impressionner. Quand je tenais tête à

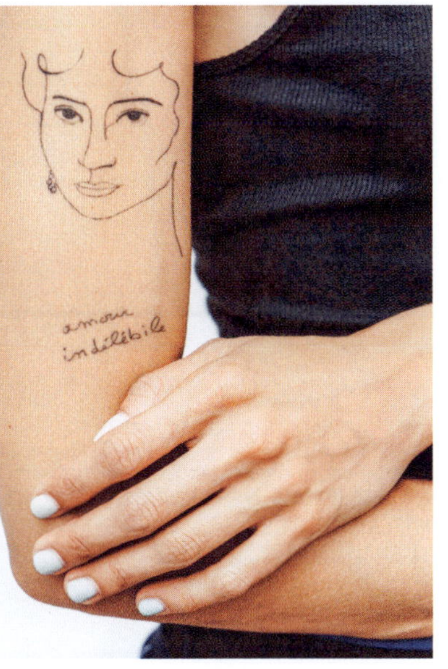

mon entourage, que j'étais dure et ne me laissais pas faire, on disait : « Elle a le caractère de sa grand-mère. »

Dès que j'ai emménagé à Paris, en 2006, je me suis mise à l'appeler tous les jours, et à parler d'elle en permanence. Elle était mon modèle. Une nuit, alors que j'étais adolescente, je me suis demandé comment je ferais si elle mourait. Je me souviens avoir pleuré de longues heures, au point, le lendemain, de ne plus pouvoir ouvrir les yeux. Je m'étais dit que je ne pourrais jamais survivre sans elle. Pourtant, c'est arrivé. J'ai repensé à cette nuit durant laquelle j'avais pensé mourir de chagrin. J'allais évidemment continuer à vivre avec elle dans mon cœur. J'ai fait tatouer le *Y* d'Yvette à l'arrière de mon bras droit et son visage à l'avant. J'aime bien dire en riant que je peux lui faire des petites bises et qu'elle protège mes arrières. Je pense à elle tous les jours.

Un peu plus tard, lorsque j'ai décidé que ma vie ne devait être qu'un kiff, je me suis fait tatouer une petite rune viking, le symbole de la girouette. C'est la rune la plus positive. L'histoire dit que lorsque les marins se perdaient en mer et n'avaient plus d'espoir, ils se laissaient guider par elle… Elle les amenait alors vers la joie, la félicité et le plaisir. Eh bien, je voulais aussi me laisser guider par elle : elle est tatouée près d'un endroit que vous ne verrez pas, sauf si mon maillot de bain rétrécit un peu.

J'étais donc disposée à aimer ma vie, à m'occuper d'Ava et à passer mon diplôme de yoga. Je ne voulais pas d'autre enfant ni me remettre en couple. Je me sentais libre, c'était bien ainsi. Et puis voilà, Hugo est arrivé. Il m'a dit qu'il était tombé amoureux à la seconde où il m'avait vue. J'étais réticente, un peu méfiante – eh oui, on a toutes connu ces phrases bateau ! Il me disait qu'il était sûr que j'étais la femme de sa vie

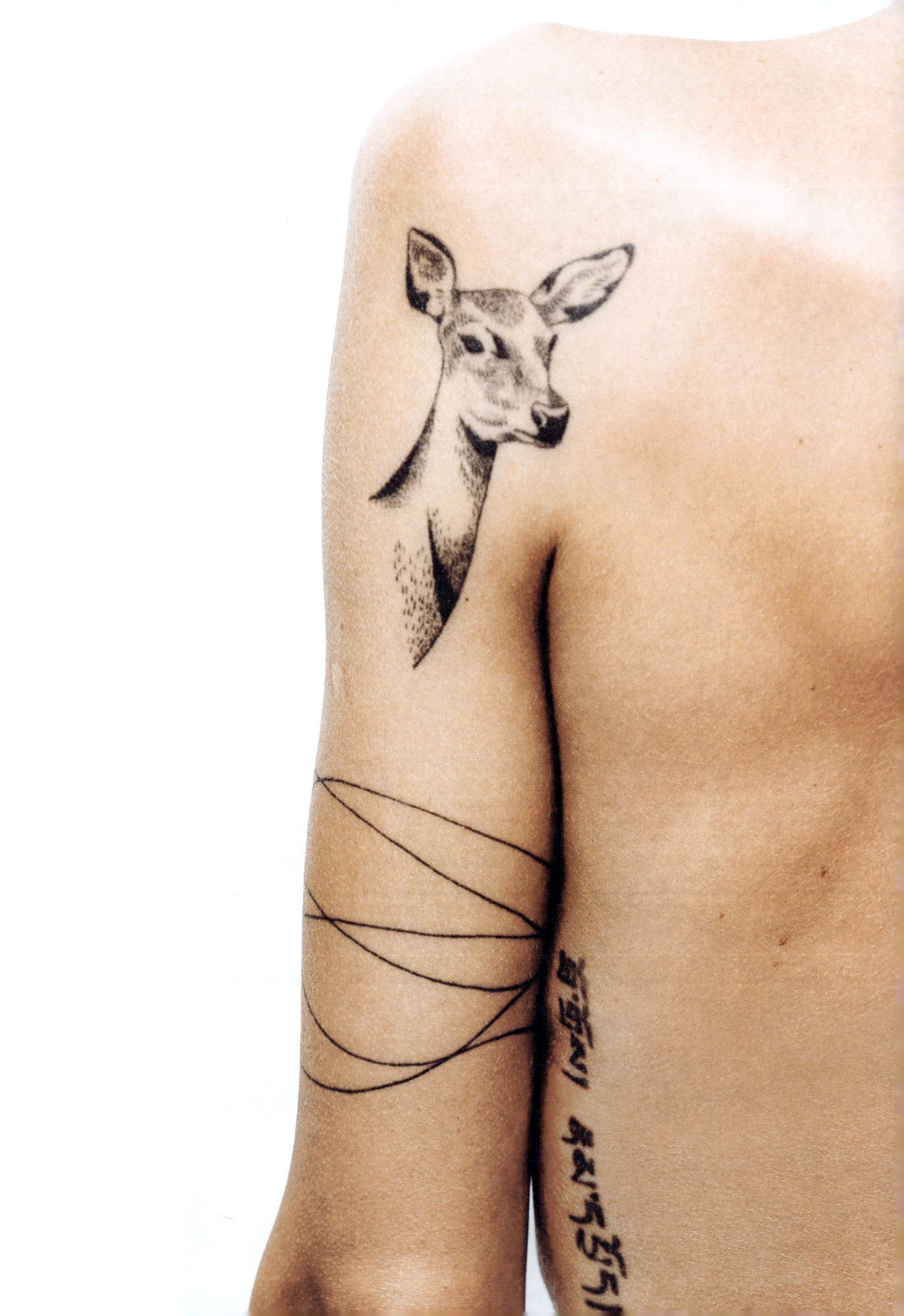

et qu'il attendrait le temps qu'il faudrait, qu'il gagnerait ma confiance. Il faut bien dire qu'il s'accrochait, et devenait progressivement mon ami. Je l'observais. Finalement tout est allé assez vite. Au bout d'un mois, nous étions devenus très fusionnels, nous ne nous quittions plus. Nos échanges étaient simples, fluides, merveilleux jusqu'au moment où... j'ai pris la décision de vivre cette histoire pleinement.

Notre relation est vraiment fondée sur l'humour, je le charrie, je le chahute sans arrêt, j'adore l'embêter. Elle est essentiellement construite sur la confiance. On se dit absolument tout, il n'y a pas de codes secrets chez nous, nulle part, pas même dans nos téléphones. Nous sommes transparents et bienveillants et partageons tous les deux le même esprit protecteur. Nous protégeons autant notre foyer que la nature.

Le chakra du cœur est souvent représenté par le cerf. Le cerf est un animal majestueux qui a une symbolique très douce. C'est aussi l'animal emblématique de l'énergie et de l'harmonie, autant pour soi que pour les autres. Hugo et moi nous sommes fait tatouer le cerf et la biche. Le regard de son cerf, tatoué au dos de son bras droit, est tourné vers celui de ma biche à moi, tatouée au dos de mon épaule gauche. Un jour, il m'a dit que notre amour ne pourrait jamais s'effacer, qu'il était indélébile, que ce que nous partagions serait toujours plus fort que ce qui pourrait nous séparer. Il a écrit « Amour indélébile » sur mon bras et je l'ai écrit sur le sien. Et le tatoueur l'a vraiment rendu indélébile.

Après avoir mis au monde ma deuxième petite merveille, ma Jim chérie, j'ai griffonné un dessin, des lignes qui s'entrelacent et finissent par se réunir. Des petits traits fins et fragiles qui se sont liés pour former une belle forme tout en rondeurs. Ce dessin d'union sur mon bras marque l'arrivée de Jim dans notre vie. C'est une petite fille joyeuse qui rit en permanence, elle est aussi très câline. Elle rayonne. Sa venue dans notre foyer, aujourd'hui formé de nous quatre, confirme un peu plus chaque jour le mantra tibétain tatoué sur ma peau.

Je suis fière de mon corps, sur lequel ces tatouages racontent ce que dit mon cœur, au plus profond de mon âme. Il est le temple de mes émotions, de mon amour pour mes proches et de mon empathie pour l'être humain.

CHAPITRE
2

LE YOGA ET MA VIE

AJY

Le sport m'a construite en m'apportant force et sensibilité. Cette grande famille unit, rassemble, enseigne le respect de l'autre et l'humilité. Enfant, on arrive souvent au sport en suivant des copains ou parce que nos parents en choisissent un pour nous. Quelle que ce soit sa motivation, l'enfant découvre un monde nouveau, un espace de jeux et d'enseignements où priment l'initiative et l'entraide. En sport collectif ou individuel, la pratique lui permet d'acquérir de l'autonomie et de développer ses émotions. En groupe et en club, ou encore face à l'adversaire, progressivement, l'enfant se positionne, s'affirme, existe comme maillon important et soutenant du cercle. Au fil des séances, il prend de l'assurance et prend confiance en lui. Ainsi hors du cadre scolaire, il grandit et s'appuie sur des qualités humaines primordiales.

Le sport développe facilement l'empathie, et je m'en réjouis. Car je me souviens de ces moments de joie incroyables que m'ont offerts mes coachs et mes coéquipiers. En compétition d'athlétisme ou sur un cross-country, seules Claire et moi courions pour le club de Pézenas ; les autres, ceux que j'appelle mes frères et sœurs, couraient tous pour d'autres clubs de la région. Et pourtant, pendant dix ans, sur chaque ligne de départ, je prenais la main des concurrentes – elles étaient aussi mes amies. Nous voulions toutes gagner, et nous allions toutes donner le meilleur pour atteindre le podium, mais sans jamais nous nuire les unes aux autres. Dès le coup de pistolet de départ et la course lancée, nous entendions les voix masculines crier : « Allez Claire ! Allez Aurélie ! Allez Annabelle ! Allez Popo ! Allez Alex !... » La course terminée, c'était à notre tour d'encourager les garçons de toutes nos forces...

On apprend cela dans le sport. On apprend à gagner, on apprend à perdre et surtout on apprend à respecter l'autre, même s'il est notre adversaire. Au fil du temps, on se dépasse toujours un peu plus et on se soutient à l'entraînement comme en compétition. Personnellement, j'ai aussi appris à écouter, à observer. C'est peut-être pour cela que je suis de caractère empathique, je me mets toujours à la place de l'autre. Quand des gens rient à côté de moi, je ris aussi ; quand quelqu'un se sent mal, j'accours pour prendre soin de lui… Dans tous les sports que j'ai pratiqués, quand mon coach était fier de moi, j'étais fière aussi. Je ressentais la gratitude ou la déception, je la vivais en écho. Je suis toujours très empathique, mais avec le temps, j'ai appris à reconnaître mes propres émotions et à ne pas vivre systématiquement en résonance avec celles des autres. Le yoga m'y aide tous les jours.

✦

POURQUOI ÇA FAIT DU BIEN AU CORPS ET AU CŒUR…

Nous savons tous que le sport est bon pour la santé – sauf cas particulier, bien sûr –, qu'il est recommandé pour le développement psychomoteur de l'enfant ou l'équilibre de l'adulte. Mais en grandissant, les études, les emplois du temps surchargés ou les déménagements et événements de la vie nous contraignent parfois à arrêter le sport quelque temps.

On ne se décide à « s'y remettre » que plus tard, comme on peut ou comme on veut. C'est parfois l'occasion de découvrir une nouvelle activité sportive. On essaye de se trouver une pratique « d'adulte ». C'est souvent pour entretenir notre forme ou pour évacuer le stress de la vie active.

✦

SECOUONS NOS HORMONES !

L'être humain fabrique des hormones. Sans elles, pas de croissance, pas d'énergie, pas de mouvements, pas de bonne santé ! Elles sont des messagers qui déclenchent toutes nos fonctions organiques. Dans la pratique sportive, dès les premiers efforts, le cortisol, fabriqué par les glandes surrénales, agit sur l'équilibre du glucose sanguin. Au bout d'une bonne demi-heure de sport, le taux de glucose baisse pour que le corps puise son énergie dans les graisses et les protéines. Le cortisol est appelé hormone du (bon) stress et de la bonne fatigue. Elle est parfaite pour nous stimuler !

D'autres hormones travaillent en parallèle, celles qu'on appelle les « hormones du bonheur ». Elles font planer les coureurs, les nageurs, les cyclistes lorsqu'ils ont l'impression de pouvoir poursuivre l'effort indéfiniment. C'est l'euphorie des sports d'endurance ! Les endorphines sont sécrétées par l'hypothalamus et l'hypophyse et se dispersent dans le système nerveux central, dans les tissus de l'organisme et dans le sang, procurant un effet de puissance, de légèreté et de plaisir. La dopamine, elle, s'active et se diffuse durant plusieurs heures après l'effort. Les muscles et le cerveau profitent en même temps. Pratiquer un peu de sport chaque jour, ou un jour sur deux ou sur trois (selon notre dépense physique quotidienne et notre organisation), c'est donc bon pour le corps, mais aussi très bon pour le moral ! Une séance de sport au milieu d'un emploi du temps très chargé est un moment où les hormones du bonheur répondent présentes ! Travail, courses, ménage, enfants, devoirs... quelles que soient les calories perdues à courir toute la journée, un moment de sport est une bouffée d'oxygène, un moment à soi pour se recentrer.

LA PRATIQUE DU YOGA, LE MEILLEUR CHEMIN POUR SE CONNAÎTRE

Avec le yoga, on apprend à s'écouter et à se connaître des pieds à la tête pour évacuer un trop-plein de stress, une fatigue intense, un mal de dos ou un mal-être. L'envie de découvrir les ressources de cette pratique germe, puis le déclic arrive vite. Calme, soins, intériorité, étirements, ces mots résonnent en nous. Aussi variée soit-elle, selon le professeur et son inspiration, la méthode est holistique, généreuse ; elle prend en compte la globalité du corps dans l'instant présent.

La méditation et les respirations soignent nos peurs, notre stress, nos insomnies. Les postures soignent nos maux, nous allongent, nous assouplissent. La perception de notre corps s'affine, le stress s'éloigne, le corps et l'esprit se relaxent ensemble, simultanément. L'enseignement du yoga nous guide vers l'humilité. On ne cesse d'apprendre, toujours un peu plus. Comprenons bien que les bienfaits du yoga ne se trouvent pas dans les livres ou à l'écoute seule des meilleurs maîtres du monde : le chemin est d'abord et avant tout personnel.

OSER LE DÉFI

Le yoga nous met sur la bonne route et c'est à nous d'avancer à notre rythme, sans essayer d'être meilleur que l'autre, ni vouloir être toujours aussi performant que la veille. La clé, c'est d'oser. Oser demander de l'aide, oser apprendre à l'autre, oser être imparfait, oser se faire plaisir, oser rire, oser pleurer, oser rater pour mieux réussir ensuite. Essayer un peu tous les jours – le maître, l'enseignant, est un yogi comme un

autre, qui apprend et se donne des défis continuellement. La route est belle et longue, il faut se munir de notre *sankalpa* – notre intention. L'intention peut être un mot, une phrase, un mantra ou même une personne à qui on aimerait se consacrer, ou tout simplement une pensée que l'on s'adresse à soi-même. L'intention peut changer selon notre humeur et nos besoins.

En début de séance, elle me permet d'être pleinement présente et motivée. Dans mon quotidien, elle est devenue une habitude mentale positive qui me permet d'écouter ce qui est important pour moi. C'est souvent la même intention qui revient : « Alex, sois fière de toi, aie confiance en toi. » Cette intention, j'ai commencé à me la répéter quand j'étais élève. Tout comme pour le sport, ma fierté dépendait de l'avis de mon professeur. Mais j'ai compris grâce à mon maître de yoga Aria que je devais être fière de moi pour moi, et non pas à travers les yeux de l'autre.

Lors de mon premier cours, à la fin de la séance, Aria nous a demandé de nous féliciter d'être venus sur ce tapis et de remercier notre corps de nous avoir permis de réaliser ces postures. Les mots d'Aria ont eu un écho très fort en moi. J'étais fière d'avoir essayé, d'avoir progressé. Ce n'était ni arrogant ni orgueilleux, c'était de la gratitude envers moi-même.

LE YOGA WARRIOR

En cours, j'ai des yogis de tout âge, des femmes, des hommes, des confirmés et des débutants. Tous sont les bienvenus, il suffit d'avoir envie de se faire plaisir, de se dépasser et de suer, car le yoga warrior est un yoga dynamique. C'est un mélange de plusieurs méthodes de yoga. Comme dans l'Ashtanga, je fais toujours les mêmes séries en tenant cinq respirations pour chaque posture, mais chacun des élèves peut progresser à son rythme. Comme dans l'Iyengar, je reste concentrée sur le positionnement et la respiration, et comme dans le Vinyasa flow, je propose un fond musical qui soutient la fluidité de

l'enchaînement. Je saupoudre ce mixte d'une pointe de « cardio » et de postures inversées. Au moment des inversions, j'entends au moins une fois par cours un élève dire : « Je ne suis pas capable. » Certains se reconnaissent peut-être et ont un petit sourire en coin ? Je vous le dis : tous, absolument tous, ont réussi.

Je me souviens d'une dame qui m'a beaucoup touchée quand j'enseignais le yoga à Paris, avant la naissance de Jim. Accompagnée de sa cadette, elle était venue rendre visite quelques jours à sa fille aînée qui, pour l'occasion, avait organisé une semaine de découvertes parisiennes. Entre visites de musées et dîners au restaurant, elles avaient choisi de suivre ensemble un de mes cours de yoga warrior... Comme d'habitude, j'ai commencé la séance en expliquant les étapes et j'ai précisé que l'on allait sûrement transpirer et bien se dépenser... J'ai senti immédiatement l'angoisse de la mère. Alors, j'ai poursuivi en précisant au groupe que j'allais montrer toutes les postures de façon détaillée avant l'enchaînement, et que chacun devait aller à son rythme. Le plus important n'était pas de tenir les positions, mais bien de garder la respiration.

Pendant la partie dynamique, j'ai regardé cette charmante dame en souriant, elle arrivait à tout, elle était forte, courageuse et ambitieuse. Au moment des postures inversées, elle est venue me voir en me disant qu'elle ne pourrait pas les reproduire. J'étais au contraire intimement convaincue qu'elle en était capable et surtout qu'elle allait réussir. Je lui ai tout expliqué, et lui ai montré précisément comment ne pas se blesser. Je l'ai rassurée en lui disant que j'allais l'accompagner et l'aider à monter ses jambes contre le mur. Si c'était trop difficile, on redescendrait, mais je croyais en elle.

Elle a essayé, elle a réussi... C'est ce genre de comportement qui m'encourage tous les jours. J'étais enceinte de huit mois, mes hormones étaient au pic de leur forme, j'ai caché mes larmes d'émotion et de joie... J'étais tellement fière d'elle. Sa fille et tout le groupe l'ont applaudie.

LÂCHER PRISE

Je me souviens aussi de Sabrina. Quand elle est venue me voir, elle écrivait un livre sur l'anorexie, une maladie avec laquelle elle vivait depuis longtemps. À ce moment, je ne le savais pas encore. Elle s'est installée sur son tapis, elle a suivi le cours. Pendant la méditation, je passe toujours près des élèves installés en Savasana – avant la pandémie – pour une dernière respiration de lâcher-prise et de détente totale. Je me mets au-dessus du yogi, avec les mains sur sa cage thoracique, il inspire fort et, pendant l'expiration, j'exerce une légère pression pour l'aider à souffler et à se relâcher entièrement. Souvent, je vois des larmes couler sur les joues, silencieusement, et des regards interrogatifs : « Pourquoi me mets-je à pleurer, alors que je ne suis pas triste ? » C'est le lâcher-prise et la reconnexion à nous-même. Les mouvements du cours, les étirements, la force de la respiration – tout cela fait remonter des émotions souvent enfouies. C'est une chance quand elles remontent et s'expriment : s'y confronter est nécessaire pour les comprendre et vivre avec elles, ou les abandonner...

Auprès de Sabrina, j'ai ressenti quelque chose qui se débloquait chez elle, son souffle était si poignant. Je ne savais pas l'expliquer. En rentrant à la maison, j'ai raconté à Hugo que la réaction de cette femme avait provoqué chez moi une grande émotion, mais je ne savais pas comment elle, elle avait vécu cela, si c'était positif ou pas... J'étais complètement perdue.

Quelques jours plus tard, une carte avec un papillon bleu m'était adressée à la salle de yoga. Cette carte disait qu'à présent, Sabrina se sentait renaître et prête à s'envoler comme ce papillon. Je ne savais toujours pas de quoi il s'agissait vraiment, mais comme une évidence, je me suis dit que son souffle était *vital*. Quand je l'ai remerciée via Instagram, elle m'a répondu : « Merci Alexandra, je n'avais plus mes règles depuis vingt ans à cause de l'anorexie, je m'étais faite à l'idée que je ne les aurais plus jamais... Mais le lendemain de ton cours, elles sont arrivées. » Récemment, je l'ai recontactée pour savoir si le yoga l'aidait encore aujourd'hui. Je vous laisse lire ses mots. En partageant son histoire, j'en frissonne encore :

Alexandra,

Quand on est en survie depuis plus de quinze ans, notre personnalité s'est façonnée au travers d'un combat et non de ce qui nous épanouit. Alors il faut découvrir qui l'on est devenu, accepter ce qu'on a dû abandonner et retrouver d'autres étincelles qui illumineraient notre quotidien. Toutes les luttes, même les plus incisives, n'ont jamais atteint mon instinct, alors je m'y suis fiée.

Et mon instinct m'a menée à toi...

C'était comme si je devais renaître de mes propres cendres et pour y parvenir, je devais me nourrir d'authenticité afin de générer les cellules souches de ma personnalité. Je me souviens m'être sentie comme abandonnée dans la nature humaine, tentant de ne pas me faire happer par les normes ou les principes.

Tes publications m'attiraient parce que parfois, elles me faisaient rire spontanément, parce que parfois, elles dégageaient une tendresse inconditionnelle qui m'arrivait en pleine âme.

Quand tu as annoncé des cours de yoga à Paris, j'ai reçu comme une décharge d'évidence. Je vis tout à l'état brut, sans filtre, ce qui s'avère dangereux quand les ondes sont négatives mais, à l'inverse, quand elles vibrent positivement, je les absorbe, et je savais que j'allais enfin laisser mon corps accueillir ce qui l'entoure en ta présence.

Je me suis sentie en sécurité dès mon arrivée alors que ce n'était pas facile, je ne connaissais personne, je suis comme disloquée, aucun lien entre ma tête et mon corps. C'est très délicat de trouver sa place quand ce rapport entre physique et esprit n'est pas créé, car l'un dit des mots et l'autre des maux. Mais à tes côtés, j'avais tout d'abord l'espoir que c'était possible, et l'énergie de tenter de recréer ce lien si précieux et jamais acquis entre mon mental et mon corps afin que mon âme s'épanouisse et vive l'instant présent. Cela s'avérait impossible pour moi depuis dix-sept ans.

Lors des leçons, j'ai été saisie, évidemment, par cette peur de faire faux, de ne pas être à la hauteur... dérive de ce mental qui veut tout contrôler, qui croit qu'il faut être parfaite pour être aimée ; et je me souviens avoir mis toute ma force pour transpercer ces convictions et vivre chaque seconde intensément comme un accouchement de moi-même. Il y avait donc des minutes de lutte pour lâcher prise et ne pas céder à mes exigences, et des minutes de renaissance.

Les yeux fermés, je me laissais emporter par ta voix qui me rassurait, comme une main très douce qui saisissait la mienne pour me mener là où je serais libre...

Alors je te suivais, et je découvrais des nouvelles sensations dans mon corps... Je dirais même que je le découvrais, lui... petit à petit. Entre le début et la fin du cours, il y a eu comme un éveil qui venait du ventre tout doucement... Et puis un mouvement me faisait ressentir mes jambes différemment, plus consciemment. Quand il fallait chercher l'équilibre, une perception plus intense faisait écho et sans que je m'en aperçoive, un lien se dessinait entre mon esprit et mon corps. Et plus il se tissait, plus mon visage souriait, plus mon envie de faire juste cédait la place à mon envie d'être, simplement.

Ce combat entre ces deux entités est d'une violence pure, mais ta douceur a comme desserré les poings que je serrais depuis presque deux décennies et j'ai ainsi pu recevoir ta bienveillance. Après autant d'années à renier son corps, on ne sait plus comment s'adresser à lui, on ne parle plus la même langue et tes cours m'ont comme réappris à m'écouter, à me livrer à lui. Après vingt ans d'aménorrhée, le lendemain de ton cours, j'ai eu un cycle... comme un cycle de vie qui revenait. Comme une femme qui renaissait.

J'ai aussi redécouvert la respiration. J'ai compris qu'en fait, au quotidien, je respirais superficiellement... Tes exercices m'ont révélé une capacité d'air insoupçonnée : plus on a de l'air en soi, plus on a de la place pour exister, pour grandir, pour respirer la vie... Je me suis dit à cet instant que l'homme n'utilisait que 30 % de son être...

Que ça manque...

La méditation, c'est plus compliqué pour moi, car mon mental étant extrêmement fort, je n'y arrive jamais... Mais l'heure qui a précédé m'a propulsée dans l'instant présent et j'ai ainsi vécu cette liberté de juste être là... J'ai lâché... Rien que de te l'écrire, j'ai les mêmes larmes qui reviennent, celles de la délivrance. Je crois que j'ai frôlé quelque chose qui ressemblait au pardon... J'aurais voulu arrêter le temps pour que cette acceptation ne m'échappe pas...

J'imaginais un fil très doux qui se promenait entre mon corps et ma tête et comme une caresse, il soignait les blessures et m'apaisait. Il y avait tout au long de tes leçons comme une résonance qui insufflait « Tout ira bien »... en continu...

Mon âme a développé une maladie par survie à un autre mal plus acerbe. Pendant vingt ans, une césure s'est ancrée entre mon corps et ma tête. Pour renaître de mes propres cendres, il m'a fallu réapprendre à manger, me regarder, m'accepter... m'aimer, encore dur à dire, à me pardonner... Tes leçons me donnent l'espoir que c'est possible, la force insoupçonnée mais douce pour déposer les armes et ta sincérité me sécurisent pour m'abandonner à ce bien-être.

Encore aujourd'hui, dans ces moments où le vide prend trop de place, il me ramène à toi qui m'inspires, qui éveilles ce qu'il y a de plus vivant et serein en moi...

Je t'embrasse,

Sabrina

✦

Merci à toi, ma chère.

Son témoignage est très beau et positif. Des femmes et des hommes comme cette mère et comme Sabrina, j'en rencontre souvent. Des gens qui oublient de s'aimer, qui évoluent dans un manque de confiance permanent, parfois en paraissant forts et pleins d'aplomb. Des mamans qui culpabilisent de prendre du temps pour elles alors qu'elles s'octroient seulement une heure dans la semaine. Pourtant il est primordial de chérir cette enveloppe dans laquelle nous évoluons. Il est nécessaire de protéger son équilibre, de lui insuffler régulièrement un nouveau souffle et surtout de l'aimer. Tout cela passe par l'acceptation de soi, par le plaisir que nous donne une activité choisie, par la respiration, par le sommeil et par l'alimentation.

Donnez-vous une intention, bougez un peu, même cinq minutes par jour, mais faites-le. Soyez fiers de vous, prenez confiance en vous.

✦

VIVIFIER LE CORPS

Quand j'ai un coup de fatigue, Guillaume Barucq, mon médecin à Biarritz, me vante les bienfaits de l'océan et me supplémente avec des ampoules d'eau de mer, de type Quinton, afin de prévenir les carences en sels minéraux et de maintenir un bon équilibre hydrominéral. Aller tous les jours dans l'eau et nager même pendant l'hiver est difficilement envisageable pour moi, je suis trop frileuse. Pour y remédier, j'ai essayé la technique Wim Hof. Cette méthode m'a préparée mentalement et physiquement à entrer dans un bain d'eau glacée. J'ai respiré pendant 45 minutes, c'était fou, les yeux fermés, avec des inspirations profondes, mon cerveau était totalement activé, je suais par moments et je ne savais plus où j'étais. Je perdais le fil, c'était comme une transe. Ces respirations servent à rendre le corps plus alcalin, donc moins acide et moins stressé. Il se détend, se relâche et devient apte à entrer dans le grand bain. Le mien était un bac de la taille d'un congélateur, à 3 degrés.

J'étais satisfaite d'avoir réussi, et dès le lendemain, j'ai essayé la douche froide, mais je ne suis pas parvenue à le refaire régulièrement. Avec mes deux enfants à la maison, je n'avais pas le temps de me préparer, de travailler les respirations et, une fois dans la douche, je n'avais pas le

courage de tourner le robinet sur la couleur bleue. Pourtant je sais combien ça vitalise et stimule la circulation sanguine. Je sais aussi que cela entraîne un afflux important de stimulations vers le cerveau, qui libère de la noradrénaline, et agit comme un antidépresseur naturel tout en renforçant notre immunité. Je suis décidée à passer le cap, j'y arriverai.

À Biarritz, tous les matins, je vois le groupe des Ours Blancs. Été comme hiver, qu'il neige, pleuve ou vente, ils sont là sur la plage du Port-Vieux. Je vois cette dame, merveilleuse, Betty, quatre-vingt-onze ans, aller à l'eau le sourire aux lèvres, avec une vitalité éclatante. Elle me fait rêver et m'émeut à chaque fois. Guillaume, mon médecin, va souvent se baigner avec elle et ses amis. Ils le savent, les bains de mer sont bénéfiques pour la santé et le moral. Ils sont téméraires et la saison et les températures basses ne les dérangent pas, ils sont bien plus forts que ça.

✦

SAVOIR S'ÉCOUTER ET SE DÉPASSER

L'exercice physique n'est pas une performance sans intérêt, c'est un lien profond entre la tête et le corps, tout comme le yoga. Quand on reprend les commandes de son corps pour l'aider à avancer au sens propre comme au figuré, on veut le meilleur pour lui, il est notre allié. Il faut absolument arrêter de le caser entre les injonctions de la mode et le comptage des calories. L'alimentation et l'exercice physique sont moteurs. Ils boostent notre organisme et notre mental. L'objectif premier n'est-il pas d'être en bonne santé avant de vouloir être joli sur les réseaux sociaux ? Il est tout à fait possible – et même recommandé – de vivre en harmonie avec son corps, de se faire plaisir, de s'écouter. Rien ne sert de culpabiliser lorsqu'il nous arrive exceptionnellement de manger n'importe quoi ou de passer le dimanche au lit. C'est que, ce jour-là, nous en avons besoin. Rien ne sert de se juger durement et de s'en vouloir, le stress aura un effet bien plus dévastateur ! Si notre hygiène de vie est globalement bonne et équilibrée, que notre état d'esprit est positif, dans un « bon mood », alors demain sera différent. Un repas équilibré et les escaliers à la place de l'ascenseur – avec le sourire – nous boosteront. Le positif et la confiance vont de pair avec l'écoute de soi. Faisons-nous confiance, pour notre bien. Notre corps et notre esprit fusionnent pour mieux se chérir.

Nous sommes le 3 mars, Guillaume vient de me proposer d'accompagner les Ours Blancs demain matin. Très flattée et sans réfléchir, j'ai accepté. Je sais que je ne porterai pas ma combinaison polaire ni ma cagoule, je sais que le plus dur reste à faire, mais les conditions seront optimales. Je ricane seule depuis son message, je suis excitée, mais je stresse. Malgré la présence du groupe, je serai seule contre moi-même, non, plutôt seule avec moi-même. Je sais que je vais réussir. Enfin, je l'espère.

Il est 9 h 07, je viens de rentrer à la maison après avoir déposé mes filles à l'école et à la crèche, Guillaume m'informe que le rendez-vous est fixé à 10 h 55 au Port-Vieux, et nous entrerons dans l'eau avec la très chère doyenne des Ours Blancs, Betty. Il me dit de ne pas manger avant, afin que la totalité de mon organisme soit mobilisée pour le bain froid et non occupée à digérer… Il me rappelle également qu'on ne met pas de combi ni de cagoule. Je choisis donc un bikini tête de mort pour affronter l'eau qui est à 11 degrés ce matin.

« Alex, sois fière de toi, aie confiance en toi… »

Je suis arrivée une demi-heure avant l'heure du rendez-vous pour regarder l'océan, prendre un peu mes marques, respirer le grand air et profiter du soleil. 11 heures pétantes, j'aperçois Betty sur le sable et déjà prête marcher en direction de l'eau. Il est temps pour moi de me déshabiller et de la suivre. J'entre dans l'eau, mes pieds sont saisis par le froid, pendant que je vois Betty et son amie avancer jusqu'à la taille… Je reste au bord quelques minutes, j'avance jusqu'aux genoux, puis jusqu'au ventre. J'en profite pour y mettre mes mains, mon souffle se coupe et j'hyperventile. Je me dis que ça va aller et je commence à utiliser la respiration Ujjayi. Je me rends compte que ça y est, je n'ai plus mal aux jambes, j'avance encore doucement en posant mes mains glacées sur ma nuque et mes épaules. J'avance encore jusqu'à être complétement immergée. Le corps ralentit et la respiration accélère ; alors je fais une petite brasse jusqu'à Betty et ses amies. C'est fou, je n'ai plus froid et je me sens bien. L'eau est à 11 degrés, alors j'y reste 11 minutes. Cette sensation est incroyable, une sensation de bien-être dans tout le corps et dans ma tête, que je glisse sous l'eau en poussant un petit cri de joie : j'y suis et j'adore ce moment. On continue de nager,

puis vient le moment de rentrer, mais c'est assez incroyable, je n'en ai pas envie... Guillaume commence à sortir et je reste accroupie au bord de l'eau pour prolonger l'instant.

Je me relève, je n'ai toujours pas de sensation de froid, comme si mon corps tout entier était anesthésié. Quelques secondes plus tard, je sens mes dents se mettre à claquer et mon corps commencer à grelotter, alors que je suis en maillot, mais toujours sans avoir froid. Je m'active et m'habille chaudement en discutant avec les Ours Blancs. Certains me disent : « On devient vite accro, tu vas voir. » En effet, j'ai été en si bonne forme toute la journée, comme neuve, que j'ai pris rendez-vous pour y retourner dès la semaine suivante.

Si vous souhaitez tenter l'expérience, surtout suivez ces instructions pour éviter le choc thermique :

- ne mangez pas avant d'aller vous baigner ;
- entrez doucement dans l'eau, concentrez-vous sur votre respiration, marchez ;
- une fois le corps immergé, nagez en respirant profondément ;
- ne restez pas plus de minutes que le nombre de degrés de l'eau.

Quand votre corps vous envoie une sensation de chaleur, il est temps de sortir pour éviter l'hypothermie.

AJY, MA MÉTHODE

À l'image d'un arbre, l'homme a besoin de racines pour se développer. Cela s'appelle l'ancrage spirituel. Au-delà de ce que nous apportent notre famille et notre culture, l'ancrage spirituel est une force intérieure qui nous guide et nous soutient : un booster d'énergie. Le mien tient en ces trois lettres : AJY. Elles sont fondamentales, elles me rappellent pourquoi, chaque matin, je suis heureuse de commencer une nouvelle et belle journée. Approfondissons ce qu'elles impliquent :

✦ A COMME AYURVÉDA

Cette pratique millénaire et holistique s'adresse à la fois au mental et à l'organisme humain. Elle est préventive, elle nous incite à nous écouter, à prendre soin de soi, à comprendre nos besoins, à nous nourrir essentiellement de ce que réclame notre organisme.

✦ J COMME JOIE

Parce que sans joie de vivre, comment avancer dans ses projets ? La joie de choisir de faire ce qu'il me plaît, la joie de partager, la joie d'aider, de communiquer, me permet de m'accomplir. La joie est une émotion positive, la perception immédiate que quelque chose nous fait du bien. La cause de cette émotion est parfois très nette car elle correspond à une obtention, une satisfaction, une bonne nouvelle. Elle peut aussi provenir d'un sentiment plus flou, comme une plénitude ou un chemin, une direction que nous empruntons sans avoir d'autre objectif que le bonheur. La joie, fondamentalement, est le sourire de l'échange et de l'entraide, celui que je reçois chaque jour et qui me nourrit.

✦ Y COMME YOGA

J'ai pratiqué différentes sortes de yoga et chacune m'a apporté un éclairage sur moi-même. Le yoga m'a appris à comprendre et à aimer mon enveloppe corporelle. Avant d'être une pratique physique, il est avant tout un état d'esprit, une prise de conscience de soi dans le monde environnant, de ce que nous avons de plus précieux dans la vie. Notre corps est le meilleur allié de notre mental, protégeons-le.

AJY, ces trois lettres précieuses m'accompagnent tous les jours. Partager ma méthode AJY, transmettre cette énergie positive est mon choix, mon empathie, mon objectif. Mon petit plus à moi ? À ces trois mots, Ayurvéda, Joie, Yoga, j'associe mes points forts, mes racines, mon ADN... Le *A* de Ayurvéda, je l'associe au prénom de ma fille Ava, mon bonheur, mon équilibre. Le *J* de Joie, je le vois aussi tous les jours dans l'apprentissage de la vie de ma seconde merveille, Jim. Quant au *Y* de Yoga, il est la force et la confiance en moi que, dans mon sang et par notre amour éternel, ma grand-mère Yvette m'a transmis. J'adore cette association de lettres qui au creux de l'oreille me dit : « AJY, agis pour toi, rien que pour toi... »

✦

SE SENTIR VIVANT !

Dans un monde idéal, il faudrait comprendre très tôt dans notre existence que nous sommes seul le capitaine de notre avenir et foncer directement vers nos choix. Mais ce n'est pas si simple ! Avoir une telle conviction personnelle ou une vocation ultradéveloppée relève de l'exception. Cette force s'accroît avec la confiance en soi que chacun acquiert progressivement, souvent soutenue – il faut bien le dire – par un encadrement familial et éducatif bienveillant et encourageant. Chacun de nous se construit au fil des ans et affirme sa personnalité. Certains traits de caractère se dessinent précisément, des envies se profilent... Très facilement, la vie nous entraîne, nous suivons le cours de ce qui nous paraît naturel et nous franchissons des étapes instinctivement, sans peser le pour et le contre. Parfois, à l'inverse, c'est un déclic ou un choc émotionnel qui nous amène à faire le point, à nous poser les bonnes questions, à réfléchir à l'équilibre de vie qui nous convient le mieux.

Mais l'on arrive parfois à la croisée des chemins, où le moment est venu de faire des choix. C'est le cas lorsque, par exemple, les copains qu'on fréquentait beaucoup – qui finalement ne sont plus très présents dans notre vie – ne nous font plus sourire, lorsque notre travail nous semble fade ou qu'une relation amoureuse devient difficile. Analyser, formaliser, mettre des mots sur son ressenti est alors essentiel, et courageux. Plus les années passent, plus la question de ce que nous voulons faire

de notre vie peut faire peur. C'est bien légitime car le quotidien est là, la vie est engagée, parfois en couple ou avec des enfants, un travail sécurisant… Faut-il avoir peur de faire des choix ? Faut-il les minorer, laisser le cours de la vie décider pour nous ? En d'autres termes, faut-il rester observateur de notre vie ou se poser la question : « Suis-je acteur de ma vie ? »

Imaginer un nouveau projet, plonger dans l'inconnu d'une nouvelle vie peut provoquer de l'angoisse, du stress. Les petits et grands changements ont des conséquences imprévisibles et déboussolantes. Il faut en effet du courage et de l'audace. Sans chercher à être parfait, on désire vivre pleinement et, pour apprécier et ressentir pleinement la joie que peut offrir la vie, il faut le vouloir. Quel que soit le domaine ou le contexte, à petits ou à grands pas, faire des choix, par élimination ou détermination, est forcément positif. Réfléchir seul et profondément, sans influence, à tous les petits et grands tournants qui se présentent à nous, est important. Ne pas renoncer, ne pas capituler, trouver le moyen d'avancer vers son objectif.

La peur de voir la réalité est une négation de soi dangereuse pour l'énergie vitale et pour le moral, au point qu'elle peut souvent faire naître la dépression. Nous valons beaucoup mieux que cela. Nous devons toujours nous respecter et prendre en considération nos impressions. Cela ne doit pas quitter notre esprit. Ce chemin de réflexion signifie que nous sommes vivants, et bien vivants !

Aujourd'hui encore, et heureusement, je me lève le matin avec l'envie de me sentir en joie et de poursuivre mes projets. De l'idée la plus petite à la plus folle, je crois que le désir de bonheur nous guide. Il ne faut jamais regretter ses choix même si leurs conséquences se révèlent difficiles. Si pour vous, il est temps d'avancer, si vous en nourrissez l'envie… alors FONCEZ.

Selon les périodes, selon les jours, vous aurez des envies différentes, parfois l'envie que ça aille vite, de pratiquer du sport, de manger sainement, de rire... et parfois que ça ralentisse, l'envie de repos, de dormir et de vous retrouver seul. Tout cela est normal et sain. Écoutez-vous. Si le corps ou la tête disent stop, retirez-vous autant que possible quelques jours. Nous ne sommes pas des super-héros, nous avons tous le droit d'avoir un petit coup de mou. Une fois que vous êtes reposé, l'envie d'avancer à nouveau revient. Si, après ces quelques jours, elle ne ressurgit toujours pas, rappelez-vous que c'est quand même bien d'essayer de se dépasser, et qu'on n'obtient en général rien sans efforts.

Quelle est l'intensité de votre ancrage spirituel ?
Est-il au top en ce moment ?

Attention, voici quelques signes à prendre en considération. Si vous vous sentez triste ou si vous ruminez des idées négatives, si vous vous ennuyez, si vous êtes au ralenti dans vos projets, si vous ne réussissez pas à prendre de décisions, si vous avez tendance à angoisser, à mal dormir, posez-vous la question de vos objectifs personnels à court et surtout à long terme. Où puisez-vous la force d'avancer? Quel est le moteur de vos projets? Quelle est la source de votre ancrage spirituel? Si votre force intérieure est affaiblie, je ne saurais que vous conseiller de découvrir le yoga et de suivre ma méthode AJY. Entre A et Y, le J de joie fera rapidement le pont... Vous serez surpris par la rapidité de sa réalisation...

✦

« Ce n'est pas la réussite qui conduit au bonheur,
mais le bonheur qui conduit à la réussite »

Tal ben Shahar

✦

CHAPITRE
3

MON CORPS EST UN TEMPLE

Notre corps est précieux, nous le savons tous, et pourtant nous ne prenons jamais assez soin de lui. Il est le temple de notre bonne humeur, de notre énergie, de notre santé, et par conséquent de notre avenir. Par manque de temps ou d'intérêt, nous oublions trop souvent de nous en soucier. Massages, drainages, gommages, masques, hydratation, assouplissements ne sont malheureusement pas souvent prioritaires dans nos vies turbulentes. Pourtant notre organisme est comme un iceberg : peu de signes extérieurs, et beaucoup de facteurs invisibles... Notre enveloppe est une éponge respirante, absorbante, qui laisse pénétrer l'air et l'eau dans nos organes. Tout ce que nous buvons, mangeons et tous les produits que nous appliquons sur notre corps jouent un rôle majeur, autant que nos activités et mouvements quotidiens.

L'AYURVÉDA

L'ayurvéda est une médecine très ancienne, qui soigne simultanément le corps et l'esprit. Elle ne guérit pas la maladie directement, mais elle nous alerte sur ce qui pourrait en devenir une. Le terme ayurvéda vient du sanskrit et signifie « connaissance de la vie ». Cette médecine traditionnelle, pratiquée depuis des millénaires en Inde, originaire des montagnes de l'Himalaya, est une méthode holistique qui repose sur la prise de conscience de l'union du corps et de l'esprit. Elle souligne notre dépendance à notre environnement, au monde du vivant et à la nature. Notre équilibre vital est le fruit de l'osmose entre notre mental et le milieu dans lequel nous évoluons, c'est-à-dire notre cocon familial et social, notre rythme de vie, notre nourriture, nos besoins.

Le savoir ayurvédique s'est transmis oralement à travers les générations, puis dans des textes appelés Védas, d'où sont aussi issues les pratiques du yoga et de la méditation. L'énergie vitale, l'équilibre du corps et de l'esprit sont les clés de cette culture. Elle a été reconnue en 1982 par l'Organisation mondiale de la santé (OMS) : cette méthode nous apprend à protéger notre santé grâce à la compréhension de notre propre fonctionnement physiologique et mental. Elle ne remplace pas la médecine occidentale actuelle, mais l'accompagne au même titre que les médecines douces (naturopathie, phytothérapie, etc.). L'ayurvéda est une méthode qui se démarque entre autres par le fait qu'elle ne guérit pas un mal ou une douleur en particulier, mais s'occupe de l'être dans sa globalité, et l'aide à rééquilibrer son énergie.

C'est lorsque j'ai ressenti le besoin de pratiquer le yoga et de prendre en main mon alimentation que j'ai adopté l'ayurvéda. Elle fait partie de ma discipline AJY, de mon capital santé.

LES CINQ ÉLÉMENTS AYURVÉDIQUES

L'ayurvéda se fonde sur cinq éléments naturels qui interagissent et qui influencent tous les organismes vivants (plantes, animaux, hommes, saisons...). Ces éléments nous relient dans un ensemble de connexions au monde. Ils sont présents à l'extérieur, mais aussi en nous, dans des proportions qui varient. Voici ces cinq éléments vitaux :

L'ÉTHER

C'est l'espace, il est immobile, froid et omniprésent. L'éther est à l'origine de toute création. Il est nécessaire à la création des quatre autres éléments.

Le lien au corps : il est présent dans les zones réceptacles qui se remplissent comme les poumons, la vessie et les intestins.

Le lien aux sens : il est relié à l'ouïe et à l'esprit (en ayurvéda, l'esprit se trouve dans le cœur). Il analyse les situations qui guident nos actions, il nous rend réfléchi.

Le lien à l'esprit : il est doté d'une faculté d'adaptation. Il est ouvert aux changements et aux défis.

Le lien aux saisons : la fin de l'automne, le début de l'hiver, car c'est le moment où la nature meurt en apparence, mais où un nouvel espace pour une nouvelle vie est créé.

Le lien à la période de la vie : il correspond à la fin de la vie, au moment de la mort.

L'éther se met en mouvement et devient l'air.

L'AIR

Il est froid, purifiant, fluide et en mouvement.

Le lien au corps : il se manifeste par les différentes circulations dans l'organisme, les mouvements corporels et la respiration.

Le lien aux sens : il est relié au toucher. L'organe associé passif est la peau, elle reçoit. Et les organes associés actifs sont les mains, elles entrent en mouvement.

Le lien à l'esprit : il est lié aux pensées, à leur rapidité et à la communication.

Le lien aux saisons : l'automne.

Le lien à la période de la vie : il correspond à la transition d'une vie active à une vie plus calme, plus douce.

L'air qui est fluide et bouge se réchauffe pour devenir le feu.

LE FEU

Il devient plus palpable que l'air mais on ne peut pas le toucher, il est subtil, sec, radiant.

Le lien au corps : comme la grande qualité de l'air, il est toujours en mouvement et engendre la transformation dans le corps humain.
Il libère les énergies et aide à une bonne digestion.

Le lien aux sens : il est relié à la vue. Les organes associés passifs sont les yeux, ils reçoivent. Et les organes associés actifs sont les pieds, ils entrent en mouvement.

Le lien à l'esprit : il est responsable du traitement et de l'analyse des informations. Bonne mémorisation, il est carré et logique.

Le lien aux saisons : l'été.

Le lien à la période de la vie : il correspond à un moment très actif, avec travail, enfants...

Le feu poussé par l'air gagne en fluidité afin de donner naissance à l'eau.

L'EAU

Elle est liquide, lourde et froide.

Le lien au corps : l'eau est responsable de la flexibilité, de la lubrification des organes, du mucus, des liquides synoviaux.

Le lien aux sens : elle est reliée au goût. Les organes associés passifs sont la bouche et la langue, elles reçoivent. Et les organes associés actifs sont la vessie et les reins, ils entrent en mouvement.

Le lien à l'esprit : l'eau est liée aux sentiments et aux émotions.

Le lien aux saisons : le printemps.

Le lien à la période de la vie : elle correspond à l'apprentissage, à l'école.

Récapitulons : on part de l'éther, espace vide et immobile qui se met en mouvement pour créer l'air, qui lui-même bouge, se densifie pour devenir le feu et qui se densifie encore et s'alourdit pour créer l'eau ; le chemin continue afin d'arriver à l'élément le plus lourd de tous : la terre.

LA TERRE

Elle est stable et contient le bon équilibre de tous les éléments. Elle est lourde, dense et lente.

Le lien au corps : la terre se manifeste dans la masse graisseuse et musculaire.

Le lien aux sens : elle est reliée à l'odorat. L'organe associé passif est le nez, il reçoit. Les organes associés actifs sont l'anus et le rectum, ils évacuent la matière la plus dense du corps.

Le lien à l'esprit : la terre est liée à l'ancrage, à la stabilité et au calme, à la différence des personnes qui ont beaucoup d'air, par exemple, dont les pensées vont dans tous les sens.

Le lien aux saisons : la fin de l'hiver, le début du printemps.

Le lien à la période de la vie : la croissance *in utero* et la petite enfance.

LES DOSHAS

Tous les éléments naissent de l'éther et se nourrissent de l'élément terre. Notre nature est profondément influencée par ces éléments naturels qui varient selon les saisons, les événements de la vie. Les cinq éléments nourrissent les forces vitales, piliers de la constitution de l'organisme humain, appelées « doshas », définis selon trois profils : Vata, Pitta, Kapha. Chacun des trois doshas est composé de deux des trois éléments : éther, air, feu, eau et terre.

Le dosha Vata est composé d'éther et d'air.
Le dosha Pitta est composé de feu et d'eau.
Le dosha Kapha est composé d'eau et terre.

Chacun de nous est constitué des trois doshas qui fluctuent. Cette combinaison se manifeste par des caractéristiques identifiables physiquement et mentalement. Comme celles-ci se dérèglent facilement, il est important d'être à l'écoute de son corps pour les rééquilibrer. Notre santé dépend de l'équilibre des trois doshas.

Dans la combinaison de ces trois doshas, il faut prendre en considération notre dosha de naissance, dominant (*prakruti*), reflet de notre constitution essentielle. S'éloigner de notre structure première, physique et mentale, nous entraînerait vers la maladie. La pratique de l'ayurvéda nous aide à compenser les écarts et à rééquilibrer notre dosha principal. Agissant sur notre état général, elle veille à rajuster l'équilibre interne du corps soumis aux perturbations de la vie, aux émotions fortes, aux humeurs.

J'utilise les principes de l'ayurvéda dans ma vie quotidienne. Je suis moi-même principalement constituée de Vata, c'est ma dominante. Pitta vient en deuxième et caractérise chez moi certains traits de caractère, notamment les déséquilibres : l'impatience, la colère, mon côté impitoyable dans certaines situations...

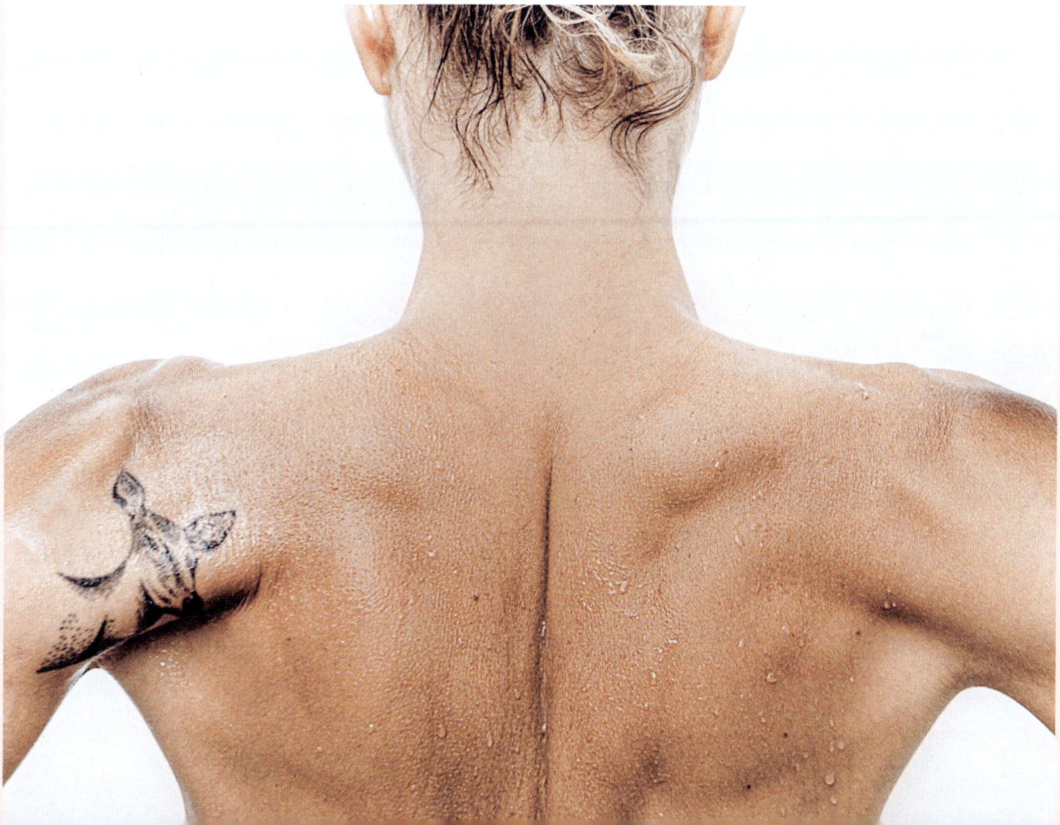

✦ PROFIL VATA

composé des éléments air et éther

Caractéristiques physiques

- Structure osseuse fine, corps mince, difficultés à prendre du poids ; peau fine, veines apparentes, visage fin, cheveux fins.
- Transpire peu.
- Énergique mais fréquents coups de mou.

Caractéristiques mentales

- Créatif(ve) et dispersé(e).
- Se lasse vite, passe d'une activité à une autre aussi rapidement que l'air.
- Très grande capacité à s'adapter.
- Anxieux(se) et sujet(te) au stress.
- Bon(ne) communicant(e), très empathique et craint de s'engager par peur de l'ennui.

Comment identifier les déséquilibres ? Quelques signes à prendre en compte ?

- Stress, anxiété.
- Fatigue.
- Insomnies.
- Manque de concentration.
- Extrémités froides.
- Constipation.
- Perte de poids facile.
- Peau et lèvres sèches.

Conseils pour s'équilibrer, c'est-à-dire compenser un trop-plein de Vata

- Suivez un cadre de vie avec des horaires, dormez plus de 8 heures.
- Mangez des plats chauds et cuits.
- Buvez beaucoup d'infusions.
- Cultivez votre patience, compensez Vata (mouvement) par la méditation ou le yoga.

Les plantes qui font du bien

- Ashwagandha, avoine, basilic.
- Purification et digestion : cannelle, cardamome, cumin, gingembre.

✦ PROFIL PITTA

composé des éléments feu et eau

Caractéristiques physiques

- Corpulence moyenne, assez musclé(e) et os solides.
- Peau chaude, tendance acnéique.
- Transpire facilement.

Caractéristiques mentales

- Logique et compétitif(ve) ; dur(e) envers soi-même, volontaire, charismatique, se positionne souvent en leadership, ambitieux(se).
- Bonne concentration.
- Parfois impatient(e) face aux autres.
- Très loyal(e) en amitié mais peut se montrer impitoyable face à ses ennemis.

Comment identifier les déséquilibres ? Quelques signes à prendre en compte ?

- Règles de longue durée.
- Inflammation (gencives).
- Sensation de brûlure, rougissements.
- Brûlures d'estomac.

Conseils pour s'équilibrer, c'est-à-dire compenser un trop-plein de Pitta

- Limitez les expositions au soleil.
- Privilégiez les laits végétaux.
- N'abusez pas des excitants comme le sucre, l'alcool, le café et le thé.
- Ralentissez votre rythme de vie (oui, oui c'est possible !).
- Ne mangez pas épicé.
- Ne cherchez pas la compétition à tout prix, pratiquez des sports au grand air.
- Apaisez-vous (musique, détente).

Les plantes qui font du bien

- Rafraîchir : cardamome, coriandre, curcuma, pissenlit.
- Alcaliniser : chlorophylle, ortie, épinard.

✦ PROFIL KAPHA

composé des éléments eau et terre

Caractéristiques physiques

- Prend du poids facilement, ossature robuste, peau claire, douce, hydratée.
- Cheveux épais, visage rond et lèvres charnues.

Caractéristiques mentales :

- Tranquille, aimable, apprécie la routine.
- Loyale, fiable, rationnel(le) et prudent(e).

Comment identifier les déséquilibres ?
Quelques signes à prendre en compte ?

- Manque de motivation.
- Troubles de la pensée.
- Digestion lente.
- Léthargie.
- Prise de poids.
- Sujet(te) au nez qui coule, aux allergies.
- Rétention d'eau.

Conseils pour s'équilibrer, c'est-à-dire compenser un trop-plein de Kapha

- Réveillez-vous avant 8 heures du matin.
- Sortez de votre zone de confort, sortez de la routine.
- Prenez l'air et le soleil (en vous protégeant...).
- Pratiquez le renforcement musculaire et stimulez votre métabolisme.
- Mangez des épices chaudes et piquantes pour éviter la stagnation (poivre, piment, gingembre).

Les plantes qui font du bien

- Stimulant système respiratoire : aunée, myrrhe, pippali.
- Stimulant nerveux : rhodiole, café, romarin.

✦ PROFILS ET ÉMOTIONS

- *L'angoisse, l'anxiété, le stress font augmenter Vata.*
- *La colère, la jalousie, l'impatience font augmenter Pitta.*
- *La passivité, la paresse, le laisser-aller font augmenter Kapha.*

LES MASSAGES

Prendre le temps de se découvrir, d'observer son enveloppe corporelle est une façon de vérifier qu'elle va bien. Se masser et vérifier ses grains de beauté, observer les veines de ses jambes, se palper les seins pour s'assurer qu'ils ne présentent pas de petite grosseur, toutes ces choses nous font prendre soin de nous et nous apprennent à nous écouter. Se masser nous fait du bien, relaxe notre corps tout entier. Il suffit d'observer une séance de massage d'un nouveau-né pour en constater les bienfaits de cette activité sur les êtres humains.

Massez-vous les pieds quelques secondes le matin avant d'enfiler vos chaussettes. Cette pratique relaxante et dynamique à la fois vous aidera à bien commencer la journée.

✦ LE MASSAGE AYURVÉDIQUE

Les doshas nous guident vers le massage qui nous convient. Selon les périodes, les rééquilibrages, vous opterez volontiers pour un nouveau type de soin.

- *Vata :* dans une atmosphère chaude, choisissez une huile lourde et nourrissante.
- *Pitta :* votre massage doit être relaxant. Évitez les atmosphères trop chaudes.
- *Kapha :* dans une atmosphère à température ambiante, préférez les massages stimulants pour activer votre système lymphatique.

✦ LE MASSAGE DU VISAGE KANSA WAND

Le kansa est constitué d'un alliage de métaux : étain, cuivre, et bronze. Les pressions et massages avec le kansa offrent relaxation et assouplissement de la peau. Votre visage apparaît plus ouvert, détendu, comme lifté naturellement. Je l'utilise avec de l'huile de jojoba ou de noisette.

kansa

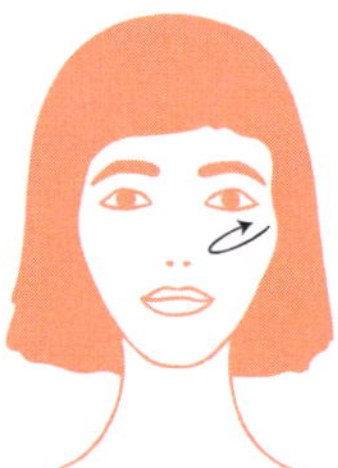

Faites glisser le kansa autour de la pommette en appuyant.

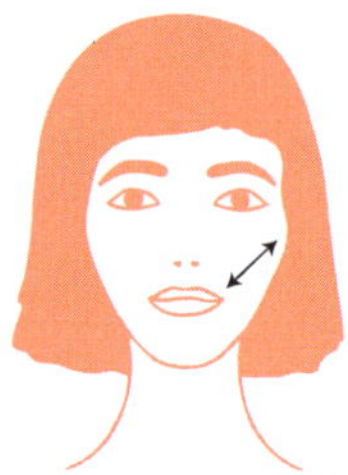

En passant sous la pommette, massez de haut en bas en partant de l'oreille vers le coin de la bouche.

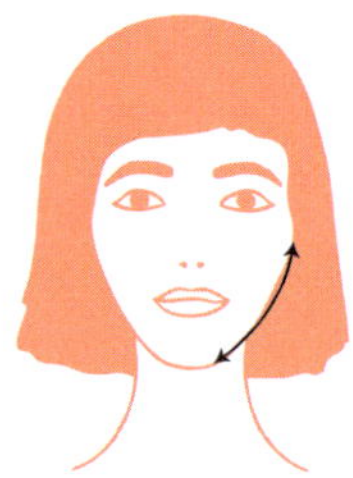

Positionnez le kansa sur la mâchoire. Faites-le glisser de l'oreille jusqu'au menton, en descendant, puis en montant.

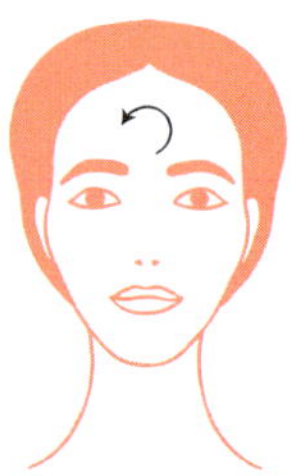

Massez le front par un mouvement circulaire de gauche à droite, puis inversement.

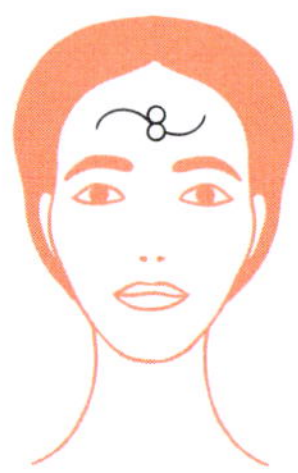

Dessinez des huit verticalement sur le front (cinq fois). Appuyez légèrement en massant. Puis dessinez des huit à l'horizontale, toujours sur le front (cinq fois).

Massez fermement les muscles de la mâchoire. Pour sentir le muscle, serrer les dents. Massez cinq fois de chaque côté.

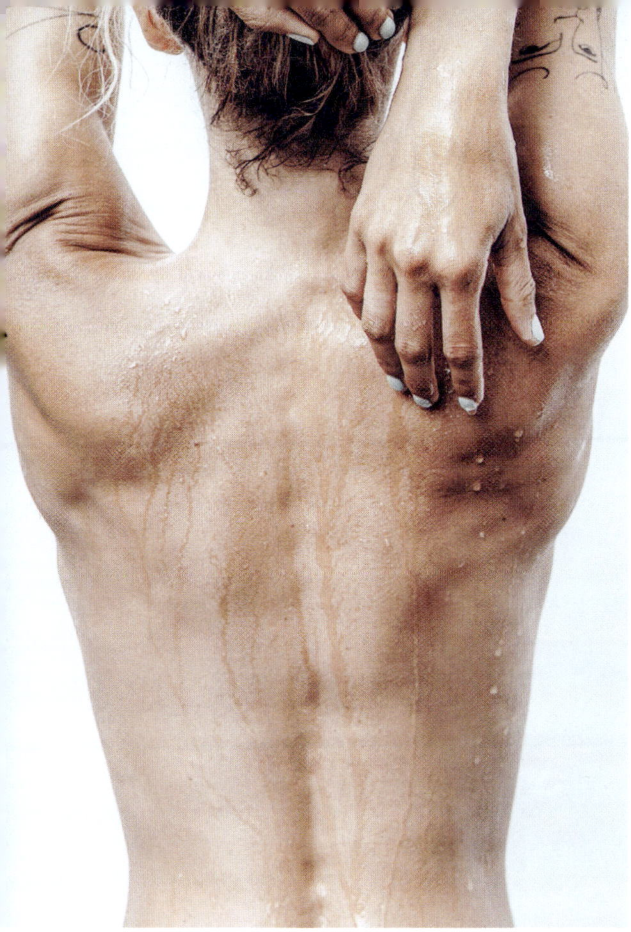

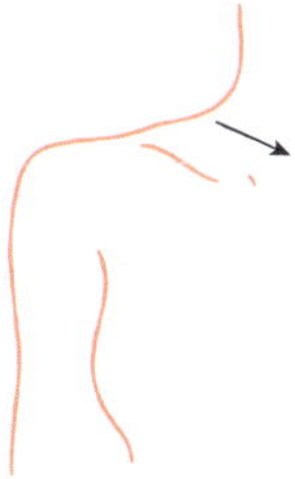

Placez le kansa a la base du cou au-dessus de la clavicule. Massez vers l'intérieur (cinq fois). Reproduisez le mouvement de l'autre côté.

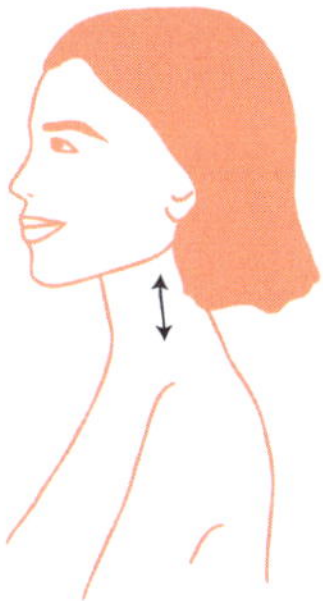

Sur le côté, à l'aide du kansa, massez de l'oreille à la base du cou plusieurs fois. Répétez l'opération de l'autre côté du cou.

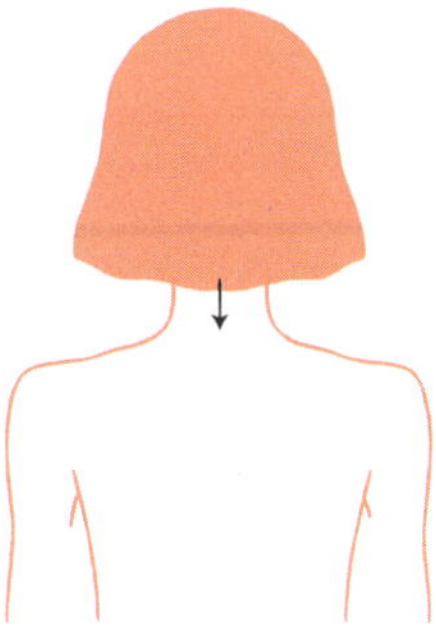

Placez le kansa à l'arrière de la tête et à la base des cheveux. Faites glisser doucement le kansa le long du cou vers la colonne vertébrale. Recommencez cinq fois.

LA LUXOPUNCTURE

Elle ressemble à l'acupuncture par la stimulation de points précis… mais sans les aiguilles ! Les zones choisies par le praticien sont stimulées par de petites pressions chaudes à l'aide d'un stylet contenant un faisceau infrarouge. Cette méthode douce inspirée de la médecine traditionnelle chinoise a fait ses preuves, notamment dans le traitement du stress, des insomnies, des problèmes de poids, de la ménopause, de la régulation des énergies et des émotions.

Cette discipline mérite toute notre attention et je vous la recommande. Dès la première séance, j'ai ressenti un immense bien-être. C'était un moment exceptionnel ! Les tensions dont je souffrais dans le cou ont disparu. Puis, je me suis sentie apaisée au point qu'en fin de journée, je me suis même endormie sur mon canapé, ce qui n'est pas du tout dans mon tempérament… Cela ne m'était pas arrivé depuis l'enfance !

LES DRAINAGES

Drainer son corps est un soin que je recommande. Je pratique le drainage lymphatique tous les trois mois. La lymphe est un liquide qui se trouve dans notre corps. Elle a un rôle important dans l'épuration des déchets de l'organisme. Quand elle est filtrée par les ganglions lymphatiques – qui se trouvent sur le trajet des vaisseaux lymphatiques –, des réactions de défense immunitaire se créent. Ce drainage est excellent pour la santé car il produit un effet de pompe et relance la circulation de ce liquide.

À Biarritz, je le fais sous le contrôle de ma praticienne, Mathilde. Elle a été formée avec la méthode de Renata Franca, une Brésilienne qui a révolutionné ce soin du corps. Il fonctionne vraiment : lorsque je sors de l'institut, je me sens pleine d'énergie et je suis effectivement plus galbée. Grâce à la pression soutenue du drainage et à son rythme accéléré, la rétention d'eau se réduit. En complément de cette technique, j'ai adopté le brossage à sec deux à trois fois par semaine. Si vous ne pouvez pas faire un drainage en institut, je vous conseille vivement le brossage du corps pour booster votre système immunitaire et exfolier votre peau en retirant les peaux mortes. Il vous suffit d'acheter une brosse en poils naturels facile à manier. Je le fais le matin avant de m'habiller en suivant le schéma suivant :

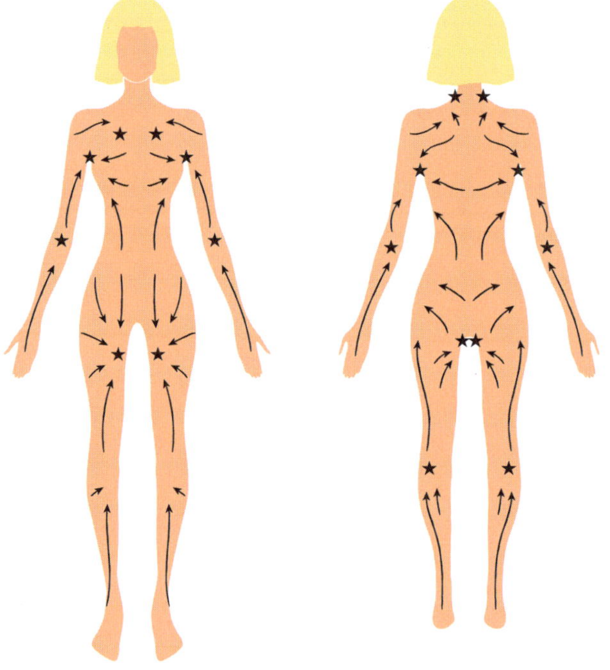

Sans corps gras sur votre peau, allez de vos pieds vers la nuque en suivant les flèches qui indiquent le sens du flux lymphatique et insistez sur les zones avec ganglions : pli du genou, aine, pli du coude, aisselles...

LE GRATTAGE DE LANGUE

En parlant de brossage, après les cheveux, les dents, le corps, je ne saurais trop vous conseiller, comme j'en ai l'habitude, de vous brosser aussi la langue. En effet, c'est une technique très ancienne utilisée par les maîtres de l'ayurvéda depuis l'Antiquité. Elle permet d'éliminer les bactéries qui s'accumulent pendant la nuit sur la langue. Si vous voulez essayer, achetez un gratte-langue. Placez la partie arrondie au fond de la bouche et grattez la langue de l'arrière vers l'avant. Rincez à l'eau.

LE BAIN DE BOUCHE DU MATIN : LE GANDOUCH

Un bain de bouche au réveil élimine les bactéries et toxines accumulées durant la nuit et réduit les inflammations des gencives. L'huile de sésame donne un excellent résultat. Chaque matin, gargarisez-vous la bouche avec une cuillère à soupe d'huile pendant trois à quatre minutes minimum. N'hésitez pas à faire pénétrer l'huile entre les interstices des dents par de fortes aspirations. Lorsque vous recrachez l'huile, elle doit être devenue blanchâtre, car bien agitée. Puis brossez-vous les dents. Une fois par semaine, le dimanche, après mon brossage de langue et de dents, je fais un bain de bouche naturel au bicarbonate de soude afin de diminuer l'acidité gastrique de mon estomac. Le bicarbonate est aussi un antibactérien, il permet d'éviter la formation de caries et de plaque dentaire.

✦

MES HUILES BIEN-ÊTRE

Tous mes gestes beauté sont à base de produits naturels, je n'utilise plus rien de chimique. Mes crèmes pour le visage ne sont pas faites maison, mais produites par des marques qui ont une éthique, et qui se soucient de notre peau et de l'environnement. J'utilise beaucoup d'huiles 100 % naturelles.

✦ *L'huile de calophylle (appelée aussi huile tamanu)*

Quand je suis cernée ou que je veux masser les ganglions lymphatiques du visage (coin interne des yeux, cou et gorge…), je choisis l'huile de calophylle pour ses propriétés toniques, circulatoires et anti-inflammatoires. Son odeur est très forte, donc je vous conseille de l'utiliser le soir ou pour une journée cocooning.

✦ *L'huile de moringa oleifera*

Quand je fais un petit séjour à Paris, j'emporte mon huile de moringa oleifera qui a des vertus antipolluantes et riches en antioxydants.

✦ *L'huile de carotte*

Pour un teint bonne mine, c'est ma préférée.

✦ *La figue de barbarie*

Elle est anticomédogène, riche en oméga 6, ce qui favorise le processus de régénération de la peau, et elle est riche en vitamine E. Elle est donc un très puissant anti-âge.

Attention

Si vous faites vos soins d'huiles une à deux fois par semaine, vous pouvez les étaler directement sur la peau. En revanche, si vous voulez les utiliser tous les jours, ne prenez qu'une à deux gouttes pour éviter d'engorger la peau. Une autre façon de faire, très agréable, est de mélanger deux gouttes d'huile à la crème de jour.

✦ *L'huile végétale de noisette*

Pour un démaquillage naturel, j'opte pour l'huile végétale de noisette qui équilibre la production de sébum. Je me démaquille également avec. Elle est assouplissante et adoucissante.

✦ *L'huile de neem*

Quand j'ai des boutons, j'applique une goutte d'huile de neem sur chacun d'eux. Attention, je vous préviens, elle sent très mauvais ! J'aurais pu dire gentiment : « Son odeur est forte », mais ce serait presque mentir ; en tout cas, c'est le meilleur purifiant et antibactérien que je connaisse.

✦ *L'huile de ximenia*

Si certaines parties très sèches de votre corps vous tiraillent, l'huile de ximenia répare les tissus agressés en profondeur.

✦ *L'huile d'aloe vera*

Mon après-soleil, c'est le miraculeux gel d'aloe vera. Il est idéal pour cicatriser et calmer les brûlures. Choisissez un gel pur en magasin bio ou en pharmacie.

✦ *L'huile d'argan et au rhassoul*

Pour me laver les cheveux, je prends un shampoing naturel solide à l'huile d'argan et au rhassoul. Il ne mousse pas ou très peu, c'est normal. Comme mes cheveux sont très fins, ils s'emmêlent vite, j'ai donc besoin d'un après-shampoing démêlant. Mais il est hors de question d'utiliser un démêlant chimique qui va polluer l'eau et les graisser. Alors je vous donne ma recette de démêlant maison. Pas d'inquiétude, c'est très simple et rapide, il vous suffit de vous munir d'un petit flacon pompe en verre de 100 ml.

À l'aide d'un petit entonnoir, versez :

- 90 ml de gel d'aloe vera. Il est humectant et gaine la kératine du cheveu ;
- 10 ml d'huile végétale d'avocat pour nourrir sans alourdir ;
- 5 gouttes d'huile essentielle d'ylang-ylang pour stimuler le bulbe et donc la pousse ;
- 5 à 10 gouttes d'huile essentielle de lavande pour assainir le cuir chevelu, parfumer le tout et surtout augmenter le temps de conservation du démêlant.

C'est terminé, mettez une noisette dans vos mains après le shampoing. Évidemment, tous les produits dont je vous parle doivent être purs et bio.

MES COMPLÉMENTS ALIMENTAIRES

✦ *Acérola :*

À teneur exceptionnelle en vitamine C, son fruit, la « cerise des Antilles » comme on la surnomme pour sa ressemblance avec cette dernière, est un antioxydant précieux. En complément alimentaire, il boostera le système immunitaire. Vous pouvez aussi le consommer en poudre ; il agrémentera parfaitement vos desserts.

✦ *Artichaut :*

Bien connu de nos campagnes, il est un légume plein de ressources. Riche en acide phénol, il procure à la bile et au foie un effet purifiant. Il recouvre 20 % de l'apport journalier en vitamine B9 et 15 % en magnésium. Ses fibres et ses protéines importantes en font un légume et un complément alimentaire à retenir.

✦ *B-Complex :*

Une gélule de B-Complex apporte les bienfaits de toutes les vitamines B (B3, B5, B2, B1, B6, B9, B8, B12). Cet apport enrichi en paba (acide para-amino-benzoïques) renforce le système nerveux, le tonus mental et physique.

✦ *Bourrache :*

L'huile de bourrache contribue à l'élasticité de la peau.

✦ *Curcuma :*

L'association curcuma-poivre noir est connue depuis des millénaires, principalement en Asie et dans la médecine ayurvédique. Elle agit sur les articulations.

✦ *Échinacée :*

L'échinacée est la plante de l'immunité. Son utilisation est ancestrale puisque les Amérindiens la consommaient pour se soigner de la fièvre, des maux de gorge, des infections des voies respiratoires et des morsures de serpents. Elle protège notre système immunitaire.

✦ *Guarana :*

Le guarana est une plante d'Amazonie dont le fruit, une baie rouge, contient de la caféine (bien plus que le café lui-même) et détient un pouvoir énergisant. Elle aide à combattre la fatigue et à stimuler les performances cognitives. À consommer avec modération et à éviter en cas de problème cardiaque ou de grossesse.

✦ *Maca :*

La poudre de maca racine est originaire de la Puna, région très froide de la cordillère des Andes située entre 3 800 et 4 000 mètres d'altitude. Elle est énergisante et améliorerait les capacités sexuelles et reproductives.

✦ *Magnésium marin :*

Le fer et le magnésium marin contribuent au bon fonctionnement du système nerveux et diminuent la fatigue et le stress. Pour faciliter l'absorption du magnésium marin, il faut l'associer à la vitamine B6. Elle joue un rôle dans le renouvellement des cellules rouges et le fonctionnement du système immunitaire.

✦ *Moringa :*

La poudre de moringa est utilisée depuis toujours par la médecine ayurvédique dans le traitement de plus de 300 maladies, notamment contre les rhumes, la fièvre, les diarrhées et les pathologies cutanées. Le moringa est un puissant détoxifiant.

✦ *Nopal :*

Fruit d'un cactus, le nopal est aussi appelé « figuier de Barbarie ». Réputé pour ses vertus médicinales (baisse de la glycémie dans le sang, diminution de douleurs gastro-intestinales), il est un anti-inflammatoire important. Une étude américaine a démontré que sa prise cinq heures avant un repas de fête bien arrosé évite les nausées des lendemains difficiles...

✦ *Onagre :*

L'huile d'onagre a une action protectrice sur l'ensemble du tissu cutané et hydrate la peau.

✦ *Radis noir :*

Antibactérien et diurétique, ce légume racine gorgé d'eau est riche en oligoéléments (potassium, magnésium, calcium, fer) et en sels minéraux et vitamines A, C et B. Consommé cru ou en gélule, il est un complément alimentaire très complet.

✦ *Valériane et passiflore :*

La passiflore calme l'irritabilité et les hypertensions ou palpitations générées par l'émotivité. Les vertus sédatives de la valériane aident à l'endormissement sans créer d'effet d'accoutumance.

✦ *Zinc :*

Le zinc réduit l'inflammation cutanée et diminue l'acné. Il renforce le système immunitaire et la cicatrisation de la peau.

CHAPITRE
4

LE SOUFFLE, NOTRE ÉNERGIE VITALE

Respirer n'est pas un geste mécanique incontrôlé, c'est un pilier fondamental puisque la respiration transporte notre énergie vitale. Mais spontanément, l'être humain respire sans utiliser tout le potentiel de sa cage thoracique. Il n'inspire pas profondément, oubliant la respiration abdominale et la respiration diaphragmatique. Nous devons nous les réapproprier afin de garder une oxygénation optimale pour nos organes et éviter le stress et l'anxiété.

Dans la pratique du yoga comme dans la vie, le plus important, c'est la respiration. Je vous propose une concentration maximale sur celle-ci. La pratique du yoga et les respirations activent les points de chakras qui, dans notre corps, de bas en haut, constituent notre ancrage énergétique.

LES CHAKRAS

Ce sont sept points du corps humain dans lesquels s'ancre notre énergie vitale. Cinq chakras sont alignés le long de la colonne vertébrale, et deux se situent au niveau du cerveau. Ils sont numérotés de bas en haut. Chaque chakra se connecte à l'un des cinq éléments qu'on retrouve dans les doshas (éther, air, feu, eau, terre). L'équilibre des chakras est donc lié à celui des doshas.

L'harmonie des chakras est rare et difficile à trouver. C'est ce travail personnel, d'équilibrage des forces et des faiblesses, qui permet de prendre la route de la connaissance de soi. Leurs différentes couleurs nous aident à les visualiser à l'intérieur de nous et cela facilite leur connexion et leur activation.

✦ Chakra 1 : chakra racine ou muladhara

L'ANCRAGE

Entre l'anus et les organes génitaux, il se trouve au niveau du périnée. Il rayonne à la base de la colonne vertébrale. Le chakra racine est tourné vers le sol, c'est notre connexion à la terre. Il est fondamental et très puissant car il porte en lui notre ancrage, notre stabilité mentale et concrète, notre juste mesure, notre sagesse, notre sécurité et notre désir d'être en paix avec notre chemin de vie.

Si le chakra racine est en excès, il peut être source d'une trop grande stagnation, d'une prise de poids, ainsi que d'une difficulté à bouger et à sortir de sa zone de confort.

Si le chakra racine est en déficit, il entraîne une difficulté à vivre le moment présent, à se concentrer, à se poser... tout l'inverse de l'ancrage.

Pour qu'il soit en harmonie, pour qu'on se sente à notre place, les pieds bien enracinés dans le moment présent, le yoga et la respiration abdominale nous aident. Mes postures fétiches pour s'ancrer sont : Tadasana (la montagne), Vrikshasana (l'arbre) et Shavasana, avec la paume des mains au sol (le cadavre).

✦ Chakra 2 : chakra sacré ou svadisthana

LE PLAISIR

Il se trouve environ 2 cm sous le nombril. C'est notre connexion à l'eau, il bouge un peu plus que la terre pour nous amener vers les sensations de joie et de plaisir.

S'il est déséquilibré vers l'excès : quand il y a trop d'eau, les réactions deviennent excessives et les sautes d'humeur très fréquentes. La personne peut devenir hypersensible et être attirée par toutes sortes de stimulants comme le sucre, le café, le sexe, de façon excessive.

S'il est déséquilibré vers le manque : quand il n'y a pas d'eau, ou très peu, la personne est rigide. Aussi bien physiquement qu'émotionnellement. Très peu d'émotions, des difficultés à s'ouvrir aux autres, et cela peut même empêcher la sexualité.

Pour qu'il soit en harmonie et que nous ayons la capacité d'être heureux, de vivre avec une passion tout en restant dans l'équilibre, il faut travailler sa fluidité. Allez vers un yoga en mouvement car les émotions qui nous contrarient s'y logent et peuvent y rester bloquées. Mettez une jolie musique douce mais rythmée, qui vous emmène dans des mouvements d'étirements fluides.

✦ Chakra 3 : chakra solaire ou manipura

LA DÉTERMINATION

Il se trouve au niveau du plexus solaire. C'est notre connexion à l'élément du feu. Il est lié à l'envie d'agir comme on le souhaite.

S'il est en excès : le feu prend le dessus et la personne se montre très colérique, dominante, trop compétitive et même contrôlante. Pour l'apaiser, il faut amener le feu vers l'eau ou l'air, et s'étirer de façon légère et fluide.

S'il est en manque : à l'inverse, la perte de confiance mène à un comportement passif, et la personne va jusqu'à perdre toute envie d'avancer, par peur d'agir et de rater. Il faut donc se forcer à prendre des risques et passer à l'action pour raviver la flamme et retrouver une vision positive de soi afin d'accepter ses qualités mais aussi ses défauts.

Mon conseil pour augmenter son feu intérieur est de relever un petit défi par jour.

✦ *Chakra 4 : chakra cœur ou anahata*

L'AMOUR

Il rayonne au cœur de la poitrine et se trouve au centre du système des chakras. C'est notre relation à l'amour que l'on renvoit, l'amour que l'on donne aux autres et l'amour que l'on se donne à soi-même. L'air est très important, c'est d'ailleurs le dosha qui domine. Comme l'air, le chakra du cœur est un chakra très puissant, c'est la source de notre vie. Le souffle purifie notre corps et notre esprit.

S'il est déséquilibré vers l'excès : la personne peut souffrir de dépendance affective, et se montrer possessive et jalouse.

S'il est déséquilibré vers le manque : la personne craint de partager, a peur d'être aimée et a peur de l'engagement.

Pour qu'il soit en harmonie, il faut arriver à se libérer de ce qui pèse sur notre cœur, apprendre à pardonner, donner sans attendre en retour (ça me fait penser à la chanson « Vivre » d'Hélène Ségara) : cela importe pour rester dans l'équilibre. Ainsi, il s'agit de traiter l'autre avec respect, avoir de la compassion, être capable de s'aimer tel qu'on est en acceptant ses défauts et aimer les autres tels qu'ils sont en acceptant les leurs.

✦ *Chakra 5 : chakra gorge ou vishudda*

LA COMMUNICATION

Il est placé au creux de la gorge. Il est notre connexion à l'éther. Rappelez-vous, c'est à partir de l'éther que les autres éléments ont été créés. Il est créatif et nous aide dans notre façon de nous exprimer et d'écouter les autres et la nature.

S'il est déséquilibré et s'oriente vers l'excès : la personne a du mal à écouter les autres, elle impose sa vision des choses et sa façon de faire en allant jusqu'à la manipulation.

S'il est déséquilibré et s'oriente vers le manque : elle a peur de parler, elle développe une timidité et des comportements alimentaires compulsifs.

Pour qu'il soit en harmonie, il faut se sentir libre de dire ce que l'on pense, de rire fort et de chanter. Dans le yoga, la posture de l'arc (Dhanuasana) envoie les énergies du ventre vers la gorge. Les inversions stimulent la circulation du sang et les ganglions lymphatiques. Une posture que j'aime beaucoup est celle du lion

(Simhasana) : comme le félin quand il rugit, ouvrez grand la bouche et, en tirant fort la langue et en regardant vers le ciel, émettez le son « haaa » ; cela nettoie la gorge et les poumons et cela permet d'oser. Osez également chanter les mantras : parfois j'ouvre un œil pour regarder qui chante... Beaucoup d'élèves n'osent pas... Osez, ce moment est pour vous, libérez-vous ! Le fait d'être concentré sur les paroles aide à rester concentré pour la méditation.

✦ *Chakra 6 : chakra troisième œil ou ajna*

L'INTUITION

Il se situe entre les deux yeux, juste au niveau des sourcils. Il est extrêmement puissant pour ceux qui souhaitent se rapprocher de l'éveil spirituel. Il est responsable de notre intuition, de notre capacité de synthèse et d'analyse, et plus généralement de notre impression de nous sentir bien, au bon endroit et au bon moment.

S'il est déséquilibré et s'oriente vers l'excès : la personne nourrit des obsessions, des cauchemars, des problèmes de mémoire et de concentration.

S'il est déséquilibré et s'oriente vers le manque : ce seront plutôt un manque d'imagination, de la difficulté ou une incapacité à se projeter, des difficultés à visualiser ce qu'on devra accomplir.

Pour qu'il soit en harmonie, il faut faire des postures inversées – sauf si vous avez de l'hypertension artérielle, des troubles cardiaques et un décollement de la rétine –, ainsi que la chandelle (Sarvangasana) et la charrue (Halasana).

✦ *Chakra 7 : chakra couronne ou sahasrara*

LA CONSCIENCE

Il se trouve au sommet du crâne, il signifie l'infini. Il correspond au niveau de conscience le plus haut, c'est notre maître à penser. Il est responsable également de la connaissance des gens et des choses qui nous entourent et de notre chemin vers la sagesse.

S'il est déséquilibré et s'oriente vers l'excès : le risque est d'être trop dans la réflexion, jusqu'à en oublier le corps et s'en déconnecter, jusqu'à être dans la « sur-intellectualisation », ou à se déconnecter de tous les autres chakras, en méditant par exemple en permanence et en ne s'occupant que de spiritualité pour fuir sa vie.

S'il est déséquilibré vers le manque : la personne aura un esprit fermé, une difficulté à apprendre, un cynisme spirituel.

Pour qu'il soit en harmonie, il faut cultiver un esprit ouvert, capable de s'observer sans jugement, de se remettre en question, créer des pensées positives, développer la méditation, la réflexion, et être au contact de la nature. Pratiquez le yoga doux, le yin yoga.

PRANYANAMA, LE SOUFFLE VITAL

• Ujjayi, ma respiration fétiche : Ujjayi est une respiration avec un son rauque, on l'appelle aussi « le souffle de l'océan » (ou « respiration de Dark Vador » pour les fans de *Star Wars*). En sanskrit, cela signifie « victorieux ». Cette respiration permet de déverrouiller les chakras du bas vers le haut.

• Inspirez avec le nez en serrant le périnée (Mula Bandha), gardez l'air derrière la gorge, expirez en gardant la bouche fermée et en produisant un son tout en collant votre nombril à la colonne vertébrale (Uddiyana Bandha). N'ayez pas peur de faire du bruit. Une petite aide, pour comprendre l'expiration avec le son : imaginez que vous vouliez faire de la buée sur une vitre, mais avec la bouche fermée.

• Ne desserrez pas le périnée lorsque vous collez le nombril contre la colonne vertébrale. Gardez le dos bien droit, les épaules un peu en arrière pour ouvrir le thorax, le cœur vers l'avant afin de travailler les abdominaux hypopressifs et le tranverse. La force est en soi, on garde l'air chaud à l'intérieur et le corps se réchauffe. Il évacue les toxines et les organes sont oxygénés. Vous pouvez pratiquer cette respiration debout, en marchant, à tout moment. Elle réduit le stress et booste le système immunitaire.

J'utilise Ujjayi dans tous mes cours de warrior yoga et AJY, qui sont assez cardios. Je l'utilise aussi dans les moments clés de ma vie, comme lors de mes accouchements. Je l'utilise dans des moments d'appréhension, de petit ou fort stress, de tensions. Je l'ai utilisé pour affronter ma grande phobie du vide. Pendant plus de quinze ans, je me suis confrontée à cette peur immense en me donnant des petits défis, c'est ma nature combative... Malgré ma ténacité et ma persévérance, je ne réussissais jamais.

Je suis une des plus fidèles participantes de la célèbre émission *Fort Boyard*. J'y ai participé sept fois, et chaque année je suis tombée sur une épreuve de vide, à laquelle j'ai systématiquement échoué. La dernière fois que j'y ai participé avec mon cher et tendre, la programmation nous a donné comme épreuve le saut de l'ange en duo. Sauter dans le vide

est la pire chose qui puisse m'être demandée. Cela m'a immédiatement paru insurmontable, que je sois en duo avec Hugo ou pas. Et puis je me suis calmée et rappelé que, grâce à la respiration, j'avais vécu deux accouchements de rêve, malgré mes angoisses initiales. Grâce à elle, je ne ressentais aucune douleur lorsque je me faisais tatouer. Puis, j'ai entendu les membres de mon équipe dire doucement : « Elle ne sautera pas. » Hugo m'a regardée : « Ma chérie, tu veux qu'on abandonne ? » Abandonner ? L'entraîner dans ma chute, dans mon échec ? Non, ce serait lui qui m'entraînerait dans sa chute victorieuse. Après avoir paniqué, pleuré, crié – ce qui heureusement a été coupé au montage –, je me suis raisonnée, calmée en croyant que je réussirais grâce à la respiration. Je me suis répété ce refrain : « Aujourd'hui, je suis capable. » Alors, je suis passée « en mode machine », un moment de concentration maximale : je n'ai plus parlé, je me suis renfermée sur moi-même et j'ai dirigé toute mon angoisse et mes peurs vers mon souffle. J'ai réussi à me concentrer, et j'ai sauté dans le vide, les yeux fermés. La sensation ne m'a pas plu. Je n'ai pas su l'apprécier, j'ai trop peur du vide. Ma véritable satisfaction est d'avoir réussi ce dépassement de soi. C'était une grande victoire et j'en suis toujours fière.

LES NEUF RESPIRATIONS PURIFICATRICES

La nature, le vent, le grand air nous incitent à ouvrir grand nos poumons et à recevoir ce plein d'oxygène si bon pour notre énergie. Face à l'océan, lorsque je reçois les embruns envoyés par les vagues et le vent, et que la fraîcheur vivifiante se pose sur mes joues, je fais mes neuf respirations purificatrices :

- trois droites ;
- trois gauches ;
- trois simultanées.

Les neuf respirations purificatrices sont issues du yoga tibétain selon l'enseignement de Tenzin Wangyal Rinpoché. Elles aident le disciple à se séparer des trois poisons racines : la colère, l'attachement et l'ignorance. Que vous soyez debout ou assis, ayez la colonne vertébrale droite et alignée.

✦ **1** ✦

Élimination du poison de la colère avec le canal jaune de droite : rappelez-vous une expérience de colère et entrez en contact avec elle. Levez la main droite et pressez le bout du pouce sur la base de l'annulaire.

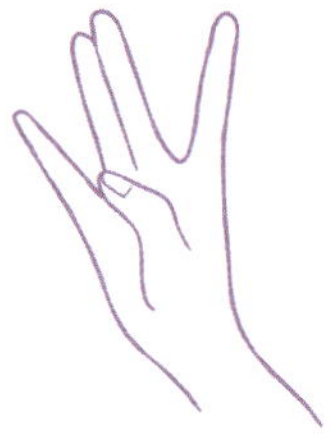

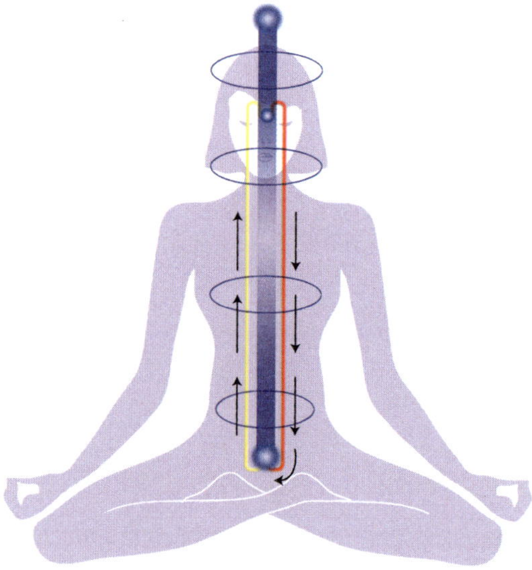

Bouchez votre narine droite avec l'annulaire droit. Inspirez par la narine gauche. Imaginez qu'une couleur verte de guérison coule dans le canal rouge de gauche, jusqu'au point de jonction sous le nombril. Restez en apnée. En relâchant la narine droite et avec la même main et le même doigt, bouchez la narine gauche et expirez. Imaginez que le souffle coule par le canal de droite jaune, éliminant le poison de la colère qui se dissout dans l'espace, lors de l'expiration. Forcez un peu à la fin de l'expiration. Sentez que ce que vous avez sélectionné s'évacue par la narine droite et se dissout dans l'espace.

Répétez ce cycle trois fois.

✦ 2 ✦

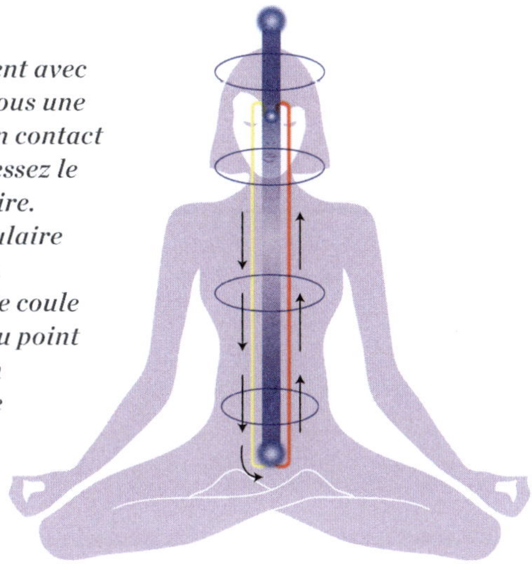

Élimination du poison de l'attachement avec le canal rouge de gauche : rappelez-vous une expérience de possessivité et entrez en contact avec elle. Levez la main gauche et pressez le bout du pouce sur la base de l'annulaire. Bouchez la narine gauche avec l'annulaire gauche. Inspirez par la narine droite. Imaginez qu'une lumière pure et verte coule dans le canal jaune de droite, jusqu'au point de jonction sous le nombril. Restez en apnée. En relâchant la narine gauche et avec la même main et le même doigt, bouchez la narine droite et expirez. Imaginez que le souffle coule par le canal de gauche rouge, éliminant le poison de l'attachement qui se dissout dans l'espace lors de l'expiration. Forcez un peu à la fin de l'expiration. Sentez le canal rouge de gauche devenir plus lumineux et plus spacieux.

Répétez ce cycle trois fois.

✦ 3 ✦

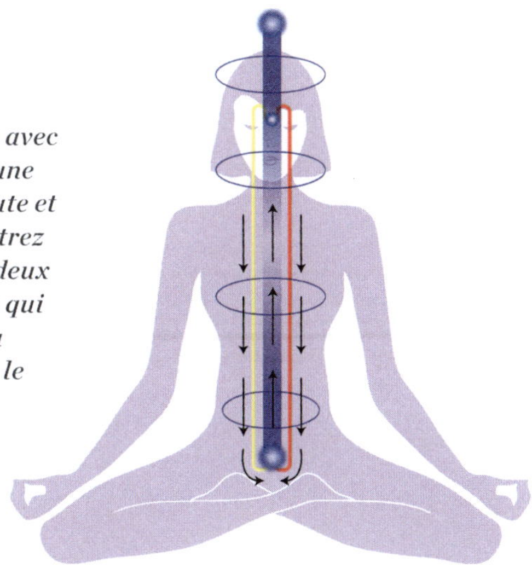

Élimination du poison de l'ignorance avec le canal bleu central : rappelez-vous une expérience de perte de repères, de doute et de manque de confiance en vous et entrez en contact avec elle. Inspirez par les deux narines et représentez-vous le souffle qui descend par les deux canaux jusqu'au point de jonction. Expirez lentement, le souffle s'élève dans le canal central en le purifiant de l'ignorance et du doute. En fin d'expiration, rentrez légèrement le diaphragme, chassez l'air avec force en imaginant que vous expulsez par le sommet de la tête les obstacles qui se dissolvent dans l'espace. Forcez un peu à la fin de l'expiration. Sentez votre canal central devenir plus lumineux et plus spacieux.

Répétez ce cycle trois fois.

LA RESPIRATION ALTERNÉE

Placez le majeur et l'index de la main droite sur le front, ensuite, bouchez la narine droite avec le pouce et inspirez lentement par la narine gauche. Restez en apnée le temps de boucher la narine gauche avec l'annulaire et expirez lentement par la narine droite.

Inspirez lentement par la narine droite et restez en apnée le temps de boucher la narine droite avec le pouce ; expirez lentement par la narine gauche. Inspirez ensuite lentement par la narine gauche et restez en apnée le temps de boucher la narine gauche avec l'annulaire ; expirez lentement par la narine droite.

Inspirez lentement par la narine droite et restez en apnée le temps de boucher la narine droite avec le pouce ; expirez lentement par la narine gauche. Inspirez lentement par la narine gauche et restez en apnée le temps de boucher la narine gauche avec l'annulaire ; expirez lentement par la narine droite.

Répétez ce cycle cinq fois.

Après le dernier cycle, ramenez la main droite sur le genou droit en respirant normalement. Restez plusieurs minutes les yeux clos.

Ce *pranayama* est également appelé « respiration alternée ». En alternant les narines, le souffle permet de stimuler un hémisphère du cerveau puis l'autre, de purifier les canaux respiratoires et de calmer le mental. Écoutez votre souffle vous régénérer. Ne le pratiquez pas si vous avez le nez bouché.

CHAPITRE
5

À NOS TAPIS

Présent dans le geste, le yoga exige que l'on soit concentré, à l'écoute de l'instant, de ce que nous vivons là, réceptif dans l'exécution de la posture. L'exercice ne doit pas être douloureux, il ne faut jamais trop étirer le muscle, au risque de se blesser, mais plutôt ressentir et apprécier l'assouplissement. Ces quelques minutes consacrées à nous-même nous permettent de nous sentir bien dans notre corps et dans notre tête. Les exercices apportent soulagement, plénitude, ils délient les muscles.

L'apprentissage d'une bonne respiration (*pranyanama*) est indispensable. Elle nous aide pendant l'exercice, elle connecte notre esprit à notre corps. Elle nous fait prendre conscience de notre enveloppe corporelle et nous relie aux éléments qui la composent : l'éther, l'air, le feu, l'eau, la terre. La respiration est le fil conducteur de la séance. Grâce à elle, le yogi se recentre sur sa propre force énergétique. Je dis toujours que dérouler son tapis, prendre le temps – quelle que soit la durée – de s'ancrer dans le sol et d'écouter sa respiration, c'est cela, pratiquer le yoga. Canaliser son esprit, ressentir les membres de son corps est un excellent exercice de bien-être. Mal de dos, stress, agitation, insomnie, fatigue ou simplement besoin d'un break pour soi, le yoga apaise l'esprit et le corps.

Un entraînement régulier aide à progresser rapidement. Les grands débutants sont toujours surpris du rythme auquel ils avancent. Les articulations se détendent et les muscles se renforcent. Au fil du temps, la silhouette change, se dessine. La respiration se fait ample, ouverte et libre. Le yogi trouve un meilleur équilibre et les postures deviennent plus faciles à réaliser. La légèreté et la fluidité des enchaînements sont le fruit d'un travail de concentration et de précision. Aussi, grâce à l'entraînement, l'esprit est vif, et la vitalité est meilleure. Dans ces petits moments d'exercices, de plus en plus intéressants, la progression est non seulement physique mais psychique car le plaisir et l'épanouissement s'installent. Le yoga conforte durablement la confiance en soi, il améliore la concentration et la gestion du stress. Cette présence à soi se transforme en bien-être et permet ensuite de s'ouvrir aux autres.

Quel que soit le type de yoga que vous choisirez, vous en découvrirez les bienfaits. Il existe autant de façons de pratiquer le yoga qu'il existe de professeurs. Promenez-vous d'une salle à une autre et testez les cours à la recherche du maître qui vous conviendra le mieux.

QUEL YOGA PRATIQUER ? COMBIEN DE FORMES EXISTE-T-IL ?

Yoga, en sanskrit, se traduit par « union ». Au fil des siècles, en traversant les continents de l'Orient à l'Occident, cette discipline indienne a évolué et donné lieu à certaines variantes. Mais cette évolution n'a pas altéré la démarche essentielle, qui consiste en un travail de concentration – ou méditation – unissant le corps et l'esprit dans l'instant présent. Toutes les tensions se délient et les chakras s'ouvrent.

Le hatha yoga représente la tradition du yoga dans sa globalité : l'exercice des postures (*asana*), la pratique de la respiration (*pranyanama*) et la concentration (ou méditation) forment l'essentiel de la discipline.

Les autres formes de yoga telles que l'asthanga, le power yoga, le warrior yoga ou yoga dynamique, le vinyasa, l'iyengar, etc. sont des variantes axées sur la dynamique des enchaînements de postures. Ainsi, ce que l'on appelle les flows (enchaînements) sont plus ou moins rapides et renforcés. Certains studios pourront vous proposer du bikram yoga ou du hot yoga dans une pièce où la température dépasse les 30 degrés.

LE YOGA WARRIOR, OU YOGA DYNAMIQUE

C'est un yoga qui, comme son nom l'indique, est dynamique, vivifiant, orienté vers l'entraînement du rythme cardiaque. Il s'agit d'un yoga qui échauffe le corps, stimule et met en action au point de faire un peu transpirer.

La respiration est primordiale lors de la réalisation des postures. Je varie les enchaînements et leur rythme selon les yogis et leur expérience. Je pratique les inversions, qui sont très bonnes pour le système nerveux car ces postures irriguent activement le cerveau, et – notez-le en passant – réduisent considérablement les migraines. Et, bien sûr, vient le moment de la relaxation et de la méditation. C'est très complet. C'est le yoga que j'ai choisi de pratiquer car il happe les débutants et surtout ceux qui ont peur de s'ennuyer. Après avoir transpiré, nous sommes tous aptes à un moment de repos sur le tapis en fin de cours.

MON COURS AJY

Le cours AJY n'est pas une séance de yoga, c'est une séance sportive de lâcher-prise. Ma voix guide les élèves dans les exercices à suivre, elle est le point de concentration essentiel. Et la musique accompagne les mouvements en répétition, comme les squats, ou le crunch. L'effort régulier fait monter le cardio. Il faut rester fixé sur ma voix, ne plus réfléchir et se concentrer sur son souffle et ses sensations. Comme dans tous les sports endurants, les endorphines sont stimulées et offrent un grand sentiment de bien-être. J'ai mis au point une pratique qui libère l'esprit et le corps des toxines et des tensions, et donne de la bonne énergie. C'est un cours de lâcher-prise par l'effort régulier. Le fait d'être en groupe nous aide à rester unis et à atteindre, par des exercices rythmés, une satisfaction personnelle. On crie, on rit, on tape dans les mains, on danse... L'intensité du cours est très forte.

Être capable de lâcher prise par l'effort est un moment unique, un résultat sans aucune compétition, ni avec les autres ni avec soi-même. C'est une expérience intime. Avoir envie d'aller au-delà des premiers efforts, qu'ils soient physiques ou mentaux. Faire, reproduire... jusqu'à ce que cela soit de plus en plus aisé et nous fasse plaisir. Se sentir fier à la fin du cours, voilà l'objectif ! Et de séance en séance, la progression s'accomplit, les exercices sont de moins en moins difficiles, le lâcher-prise agit dans le corps et dans l'esprit ; la confiance en soi se développe. Bravo !

Après l'effort, vient le moment où l'on fait redescendre lentement le rythme cardiaque, où l'on se détend et on déverrouille les chakras du plexus solaire, du cœur et de la gorge. Le corps décharge un trop-plein, il se libère des émotions. Parfois, des larmes de relâchement coulent sur les joues. Quand on quitte mon cours, on est « vidé », dans le bon sens du terme. En repartant, l'élève est prêt à accueillir les éléments naturels, le ciel, l'odeur de l'océan, de la forêt ou les bonnes choses comme de bons petits plats, des rires, de la joie et tout ce qui nous fait plaisir.

J'ai conçu mon cours AJY à l'image de l'énergie que je reçois et que je donne aussi. « Agis, donne et reçois ! » Telle pourrait être ma devise. Notre énergie se fonde sur l'échange et la conscience de l'être. Le bonheur de vivre se transmet. C'est pourquoi AJY est une séance pleine de vie, pour se faire du bien au corps et à l'esprit sans aucun autre objectif que le plaisir de se sentir vivre à fond. Je termine la séance par : « Sois fier de toi, ouvre, ouvre, ouvre, déverrouille les chakras. » Et je lis dans les yeux des participants qu'AJY les booste et les fait progresser. C'est aussi ma fierté.

À VOS TAPIS

Entre mes cours et mon rythme de maman, quelques postures de yoga, le matin ou le soir, m'apportent détente et bien-être. De 5 à 30 minutes selon ma disponibilité et, hop, je me sens prête pour la suite de la journée. Suivez-moi !

> Pour être tout à fait honnête, avec un enfant en bas âge, on est plus sur 5 minutes grand maximum que sur la demi-heure !

Je vous propose de vous poster debout, de relâcher les tensions, de prendre conscience de vous, là, dans l'instant présent, et de commencer la respiration Ujjayi, que vous utiliserez pour chaque exercice de l'enchaînement des 14 postures de la salutation au soleil A et des 17 postures de la salutation au soleil B.

✦ LA SALUTATION AU SOLEIL A • *SURYA NAMASKAR A*

1. La posture de la montagne (Tadasana)

Tenez-vous bien droit, les épaules parallèles au bassin, serrez le périnée, pieds serrés et gros orteils collés. Expirez, mains collées en prière.

2. La posture des mains vers le haut (Urdhva hastasana)

Inspirez en montant les bras vers le ciel, les aisselles vers le bas tout en gardant les bras vers le haut. Ressentez votre étirement du bas de la colonne vertébrale vers le ciel. Étirez vos bras le plus haut et le plus loin en arrière possible, jambes tendues.

3. *La flexion avant debout (Uttanasana)*

Expirez en descendant le buste et relâchez la tête. Essayez de toucher le sol avec vos paumes. Les mains doivent être de chaque côté des pieds. Si cela est difficile, pliez un peu les genoux. Concentrez-vous sur l'étirement.

4. *La demi-flexion avant debout (Ardha uttanasana)*

Inspirez, le dos droit, et allongez au maximum la colonne vertébrale vers l'avant.

5. *La posture de la fente basse (Anjeneyasana)*

Après la demi-flexion, dos droit, expirez en relâchant le haut du corps et en revenant en posture 3, soit la flexion avant debout. Passez dans la posture de la fente basse en étirant la jambe droite vers l'arrière et posez le genou droit. Inspirez en relevant le buste, la tête et les bras vers le ciel.

6. *La posture de la planche (Kumbhakasana)*

Posez vos mains au sol, retenez votre souffle en ramenant la jambe gauche en arrière et positionnez-vous en planche, épaules au-dessus des mains, buste et tête parallèles au sol. Rétroversez le bassin.

7. La pompe (Chaturanga dandasana)

Avancez les épaules, serrez les coudes et descendez en expirant. Les coudes doivent toucher les côtes. Si c'est difficile, n'hésitez pas à poser les genoux.

8. Le chien tête en haut (Urdhva mukha svanasana)

Inspirez. Poussez le sol avec les mains et le dessus des pieds afin de redresser la tête et la poitrine vers le ciel. Gardez les hanches au sol.

9. Le chien tête en bas (Adho mukha svanasana)

Expirez, appuyez-vous sur les paumes et remontez les fesses vers le ciel. Dos droit, serrez les omoplates et relâchez la nuque. Dans l'étirement, essayez d'amener votre poitrine vers vos cuisses, n'hésitez pas à plier légèrement les genoux mais gardez bien le dos droit.

10. La posture de la fente basse, jambe opposée (Anjeneyasana)

Ramenez le pied droit entre les mains et posez au sol le genou gauche (posture 5, mais avec les jambes inversées). Inspirez en relevant le buste, la tête et les bras vers le ciel.

11. La demi-flexion avant debout (Ardha uttanasana)

Posez les mains au sol et expirez en ramenant le pied gauche entre les mains. Afin de revenir dans la posture 4, inspirez, le dos droit, et allongez au maximum la colonne vertébrale vers l'avant.

12. La flexion avant debout (Uttanasana)

Expirez et relâchez la tête et le torse. Essayez de toucher le sol avec vos paumes. Les mains doivent être de chaque côté des pieds. Si cela est difficile, pliez un peu les genoux. Concentrez-vous sur l'étirement.

13. La posture des mains vers le haut (Urdhva hastasana)

Inspirez en montant les bras vers le ciel, vos aisselles vers le bas tout en gardant les bras vers le haut. Ressentez l'étirement du bas de la colonne vertébrale vers le ciel. Étirez vos bras le plus haut et le plus loin en arrière possible, jambes tendues.

14. La posture de la montagne (Tadasana)

Expirez en revenant à la posture de la montagne. Tenez-vous bien droit, les épaules parallèles au bassin, serrez le périnée, les mains en prière.

✦ LA SALUTATION AU SOLEIL B • *SURYA NAMASKAR B*

1. La posture de la montagne (Tadasana)

Tenez-vous bien droit, les épaules parallèles au bassin, serrez le périnée, pieds serrés et gros orteils collés. Expirez, les mains jointes en prière.

2. La posture de la chaise (Utkatasana)

Inspirez en montant les bras vers le ciel tout en effectuant un mouvement de descente en vous servant uniquement du bas du corps, les aisselles vers le bas tout en gardant les bras vers le haut.

3. La flexion avant debout (Uttanasana)

Expirez en descendant le buste et relâchez la tête. Essayez de toucher le sol avec vos paumes. Les mains doivent être de chaque côté des pieds. Si cela est difficile, pliez un peu les genoux. Concentrez-vous sur l'étirement.

4. La pompe (Chaturanga dandasana)

Reculez vos pieds afin de passer en planche. Inspirez en gardant les épaules au-dessus des mains. Expirez en avançant les épaules et en descendant, coudes serrés. Ils doivent toucher les côtes. Si c'est difficile, n'hésitez pas à poser les genoux.

5. Le chien tête en haut (Urdhva mukha svanasana)

Inspirez. Poussez le sol avec les mains et le dessus des pieds afin de redresser la tête et la poitrine vers le ciel. Gardez les hanches au sol.

6. Le chien tête en bas (Adho mukha svanasana)

Expirez, appuyez-vous sur les paumes et remontez les fesses vers le ciel. Dos droit, serrez les omoplates et relâchez la nuque. Dans l'étirement, essayez d'amener votre poitrine vers vos cuisses, n'hésitez pas à plier légèrement les genoux, mais gardez bien le dos droit.

7. La posture du guerrier 1 (Virabhadrasana 1)

Avancez le pied droit entre les mains, pied gauche à plat, et redressez-vous en guerrier. Les hanches sont parallèles aux épaules, les bras, forts et tendus vers le haut. Baissez les épaules au maximum en gardant les bras vers le ciel.

8. La pompe (Chaturanga dandasana)

Posez les mains au sol et reculez les pieds afin de passer en planche. Inspirez en gardant les épaules au-dessus des mains. Expirez en avançant les épaules et en descendant, coudes serrés. Les coudes doivent toucher les côtes. Si c'est difficile, n'hésitez pas à poser les genoux.

9. Le chien tête en haut (Urdhva mukha svanasana)

Inspirez. Poussez le sol avec vos mains et le dessus des pieds afin de redresser la tête et la poitrine vers le ciel. Gardez les hanches au sol.

10. Le chien tête en bas (Adho mukha svanasana)

Expirez, appuyez-vous sur les paumes et remontez les fesses vers le ciel. Le dos droit, serrez les omoplates et relâchez la nuque. Dans l'étirement, essayez d'amener votre poitrine vers vos cuisses, n'hésitez pas à plier légèrement les genoux, mais gardez bien le dos droit.

11. La posture du guerrier 1, jambe opposée (Virabhadrasana 1)

Avancez le pied gauche entre les mains, pied droit à plat, et redressez-vous en guerrier. Les hanches sont parallèles aux épaules, les bras forts jusqu'au bout des doigts et tendus vers le haut. Baissez les épaules au maximum en gardant les bras vers le ciel.

12. La pompe (Chaturanga dandasana)

Posez les mains au sol et reculez les pieds afin de passer en planche. Inspirez en gardant les épaules au-dessus des mains. Expirez en avançant les épaules et en descendant, coudes serrés. Les coudes doivent toucher les côtes. Si c'est difficile, n'hésitez pas à poser les genoux.

13. Le chien tête en haut (Urdhva mukha svanasana)

Inspirez. Poussez le sol avec vos mains et le dessus des pieds afin de redresser la tête et la poitrine vers le ciel, gardez les hanches au sol.

14. Le chien tête en bas (Adho mukha svanasana)

Expirez, appuyez-vous sur les paumes et remontez les fesses vers le ciel. Dos droit, serrez les omoplates et relâchez la nuque. Dans l'étirement essayez d'amener votre poitrine vers vos cuisses, n'hésitez pas à plier légèrement les genoux, mais gardez bien le dos droit.

15. La flexion avant debout (Uttanasana)

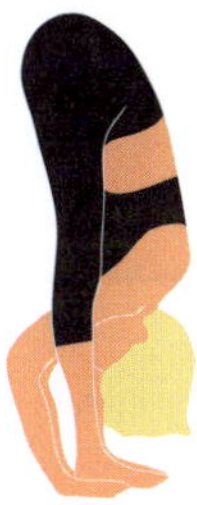

Regardez à l'avant du tapis. Sautez ou faites un pas afin de ramener les pieds entre les mains. Relâchez la tête et le buste. Essayez de toucher le sol avec vos paumes. Les mains doivent être de chaque côté des pieds. Si cela est difficile, pliez un peu les genoux. Concentrez-vous sur l'étirement.

16. La posture de la chaise (Utkatasana)

Inspirez en montant les bras vers le ciel tout en effectuant un mouvement de descente en vous servant uniquement du bas du corps, vos aisselles vers le bas tout en gardant les bras vers le haut.

17. La posture de la montagne (Tadasana)

Expirez en ramenant les mains en prière contre votre poitrine et en vous tenant bien droit.

✦ AUTRES POSTURES

L'arbre (Vrksasana)

Inspirez et tenez-vous bien droit, épaules baissées, périnée serré, les mains jointes en prière. Montez le pied le long de la jambe, positionnez-le contre l'intérieur de la cuisse. Tenez en équilibre. Attention, pas de pied sur le genou.

Variante plus difficile : gardez cette même posture, les mains collées en prière, mais les bras tendus au-dessus de la tête.

L'arc (Dhanuasana)

Sur le ventre, ramenez les talons aux fesses et attrapez vos chevilles en inspirant. Soulevez simultanément la tête, la poitrine, les genoux et les cuisses. Expirez. Relâchez doucement les chevilles et revenez en position allongée. Attention, quand vous êtes dans la posture, assurez-vous que vos genoux ne s'écartent pas au-delà de la largeur des hanches.

La posture du pigeon (Kapotasana)

Amenez le genou droit plié à l'avant du tapis. Inspirez en gardant le dos bien droit et la jambe arrière tendue.

Variante : gardez le dos droit et le buste relevé, pliez le genou de la jambe arrière afin d'attraper le pied et d'étirer la cuisse et le psoas.

La chandelle (Sarvangasana)

Allongez-vous sur le dos, la nuque alignée avec la colonne vertébrale et les pieds joints. Inspirez, levez les jambes à angle droit avec les mains sous les fesses, puis tendez les jambes, pieds pointés vers le ciel en faisant glisser lentement vos mains vers les reins. Vos coudes sont vos appuis. Expirez.

La charrue (Halasana)

Dans la continuité de la chandelle, en soutenant le dos des deux mains, amenez les jambes par-dessus la tête en essayant de poser les genoux de chaque côté de celle-ci. Respirez profondément et relâchez votre dos.

Variante : tendez et allongez les bras sur le sol, détendez vos épaules, tendez les jambes. Gardez la nuque bien alignée avec la colonne vertébrale. Quittez la posture en déroulant le dos vertèbre après vertèbre, les fesses en dernier. Expirez lentement pendant le mouvement.

Le triangle (Trikonasana)

Les jambes sont tendues. La hanche gauche ne bouge pas, les jambes restent tendues et l'épaule droite bascule le plus en avant possible avant de s'abaisser. La main droite est au sol ou sur la cheville ; regardez votre main gauche au ciel en gardant le dos droit, serrez les omoplates.

Travaillons nos émotions… grâce à nos hanches !

Dans les retraites, je donne parfois des cours spécialement orientés sur les hanches. Il est important de les étirer et de les fortifier car en yoga, on dit qu'elles constituent le centre de stockage de nos émotions refoulées. C'est dans le bassin et les hanches que loge le chakra sacré, et c'est là que naissent les émotions. Les émotions qui nous peinent peuvent naturellement s'y bloquer, qu'il s'agisse de colère, de peur ou de tristesse. Les relâcher peut donc nous faire le plus grand bien. De plus, les hanches bloquées ne permettront pas à la colonne vertébrale de se tenir convenablement, et une mauvaise posture de cette dernière peut engendrer des problèmes ou douleurs. Vous l'aurez compris, plus vos hanches seront ouvertes, meilleure sera votre posture quotidienne. Alors pratiquez ces exercices en respirant calmement pour une belle détox émotionnelle.

Le guerrier 2 (Virabhadrasana 2)

Tendez les bras parallèles au sol, les paumes tournées vers le sol. Pied gauche à plat, talon posé au sol et pointe des pieds vers la gauche. Fléchissez le genou droit jusqu'à ce que le tibia soit perpendiculaire au sol et la cuisse parallèle au sol. La pointe du pied droit suit la même direction que la main droite. Étirez les bras et les doigts. Votre regard se dirige vers le bout des mains ou l'horizon.

La posture de la fente haute (Utthita Ashwa Sanchalasana)

Inspirez en posture de la montagne, puis expirez en reculant la jambe gauche. Soyez vigilant, les hanches doivent rester parallèles au sol et le genou droit doit être aligné avec le talon droit. Une fois dans la posture, allongez la colonne vertébrale vers l'avant en gardant les épaules basses.

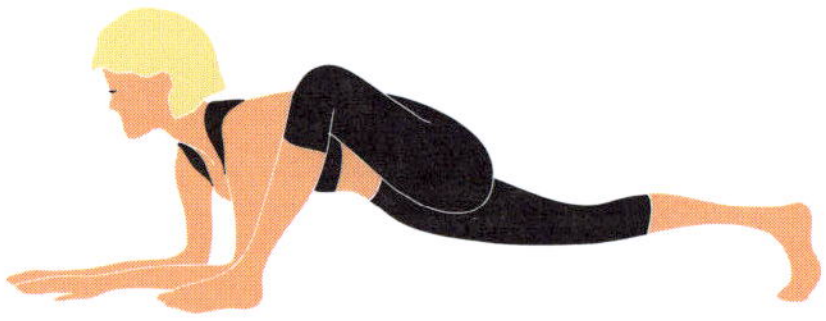

Le lézard (Utthan pristhasana)

Commencez en posture du chien tête en bas. Inspirez. Positionnez votre pied droit à l'extérieur et au niveau de la main droite. En abaissant le torse, placez les avant-bras sur le sol, parallèles, et les doigts pointés vers l'avant. Expirez. La jambe arrière reste tendue. Détendez votre cou.

Le papillon (Baddha konasana)

En position assise, pliez les genoux et placez les plantes de vos pieds l'une contre l'autre. Attrapez vos orteils et étirez les plantes de vos pieds vers le ciel. Restez bien droit, les deux fesses posées et ancrées dans le sol. Attention : veillez à équilibrer votre poids sur les os du bassin. Faites de légers battements d'ailes avec vos genoux pour ouvrir les hanches, sans à-coups.

Variante : posez vos pieds sur une brique.

La grenouille (Bekasana)

Placez un coussin sous chaque genou ou installez-vous sur une couverture posée au sol dans le sens de la largeur. Mettez-vous à quatre pattes et écartez les genoux en les gardant dans l'alignement des hanches, descendez sur vos avant-bras. Éloignez les pieds l'un de l'autre avec les pointes vers l'extérieur afin de protéger les genoux. N'hésitez pas à poser votre buste sur un traversin pour plus de confort.

Le demi-pont (Setu bandhasana)

Allongez-vous sur le dos, genoux pliés et jambes parallèles, légèrement écartées. Rapprochez les pieds de vos fesses, les mains sur les pieds. Inspirez et soulevez les hanches en serrant le périnée. Gardez la nuque alignée avec la colonne vertébrale. Joignez les mains au sol, sous le dos. Expirez en reposant la colonne vertébrale vertèbre après vertèbre, les fesses en dernier.

Le bébé heureux (Balasana)

Allongez-vous sur le dos. Ramenez les deux genoux vers la poitrine. Écartez ensuite les genoux pour ouvrir les hanches, jusqu'à la position la plus confortable pour vous. Les bras sont placés à l'extérieur des jambes. Attrapez vos pieds avec les mains. Serrez le périnée. Balancez-vous éventuellement de gauche à droite ou d'avant en arrière, le bas du dos collé au sol.

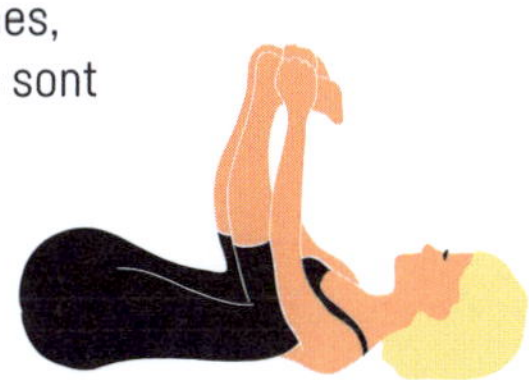

SI VOUS ÊTES ENCEINTE

La pratique du yoga peut se poursuivre tout au long de la grossesse. Pour ma part, au huitième mois, je donnais encore des cours. Je pense que chaque femme enceinte bien suivie médicalement doit écouter son corps et juger de ce qui lui fait du bien. Si le col est bien fermé et si l'état de santé général est bon, les exercices de yoga seront profitables. Des postures douces relaxent et évitent les douleurs musculaires, sciatiques ou tensions dorsales. L'apprentissage d'une bonne respiration apporte également de l'apaisement. Chaque femme enceinte trouvera son réconfort à condition de ne jamais être brusque avec elle-même.

Attention

Les sauts et torsions sont strictement interdits quand on est enceinte. Les torsions compriment le ventre et créent un afflux sanguin qui pourrait être dangereux pour le bébé. En fin de grossesse, il faut éviter les postures où l'on est allongé sur le dos, car le poids du ventre pourrait comprimer la veine cave inférieure, ce qui est susceptible de provoquer des malaises.

L'APRÈS-NAISSANCE

Six à huit semaines après l'accouchement, votre gynécologue, ou sage-femme, conseille une rééducation du périnée. En effet, pendant neuf mois, le fœtus a grossi au creux des hanches, affaiblissant la tonicité des muscles et des tissus des organes du bas-ventre. Après la naissance, pour retrouver une bonne musculature, quelques exercices sont le plus souvent nécessaires. Il faut raffermir les abdominaux profonds et tout d'abord le plancher pelvien, ce muscle important qui, par sa tonicité, soutient les organes des fonctions naturelles urinaires, fécales et sexuelles.

Dans un premier temps, apprenez à ressentir et à contracter votre périnée. Allongez-vous sur le dos, les bras le long du corps et rétroversez le bassin pour que vos reins touchent le sol. Inspirez. Puis en expirant, serrez au maximum votre périnée et votre anus. Ressentez pleinement la contraction comme si vous vouliez les faire remonter dans le ventre. Tenez la contraction quelques secondes. Relâchez et recommencez trois fois.

Vous pouvez également le faire debout dès que vous y pensez. Ce conseil est bon pour toutes les femmes, pas uniquement pour les jeunes mamans.

LA RÉÉDUCATION DES ABDOMINAUX PROFONDS ET DU PÉRINÉE

Allongez-vous sur le dos, jambes pliées. Rétroversez le bassin pour poser les reins au sol. Il ne doit plus y avoir d'espace entre le sol et votre dos. Observez déjà que votre ventre se creuse. Positionnez la cheville droite contre le genou gauche. Inspirez et positionnez votre main droite contre le genou droit. Expirez en pratiquant une poussée vers le genou qui résiste, bouche fermée (*Ujjayi*), tout en serrant le périnée et l'anus en même temps et en collant le nombril à la colonne vertébrale. Veillez à garder le bas du dos collé au sol. Reposez le pied droit au sol et pratiquez avec la jambe gauche.

Cet exercice facile est très utile tous les jours. Trouvez le petit moment qui le permet.

STOMACH VACUUM

La fausse inspiration thoracique, ou *stomach vacuum*, est un exercice de respiration souvent pratiqué en yoga et en apnée, et qui consiste à « aspirer » l'estomac. Par exemple, après une grossesse et la rééducation du périnée, si votre médecin vous y autorise, cette méthode est un super complément à la tonicité du périnée. Elle trouve d'ailleurs de nombreux adeptes au-delà des jeunes mamans. En effet, le fait d'aspirer l'estomac est une excellente technique pour avoir le ventre plat, pour affiner sa taille et masser ses organes en profondeur. Cette technique fait aussi travailler le transverse, le muscle le plus profond de l'abdomen, ainsi que les obliques. Elle est donc notre amie à tous.

Vous pouvez voir une vidéo de la pratique sur Instagram, dans mes stories à la une. Lorsque je suis filmée pour cette vidéo Insta, ma deuxième fille, Jim, n'a que deux mois et demi. J'ai beaucoup utilisé cette pratique après la grossesse car elle aide à retrouver sa taille, masse les organes et rééduque le périnée. Pour l'anecdote, Arnold Schwarzenegger l'utilisait pour s'affiner et avoir ce corps si impressionnant en V.

Il appliquait le *stomach vacuum* pour muscler les abdos hypopressifs mais il le faisait également pendant ses compétitions de culturisme et sur la plupart de ses photos pour accentuer la finesse de sa taille.

Aujourd'hui, je fais cet exercice surtout avant de me coucher car il est excellent pour la digestion, mais vous pouvez le pratiquer quand vous le souhaitez, debout ou allongée sur le dos. Attention, il ne faut pas manger juste avant. En revanche, si vous débutez et n'avez jamais pratiqué cette respiration, je vous conseille de pratiquer à jeun. Cet exercice est intense. Si vous avez accouché par voie basse vous pouvez le pratiquer – il est interdit après une césarienne. De plus, il est primordial d'avoir l'accord de votre gynécologue ou sage-femme (en principe au bout de quatre mois). C'est contre-indiqué si vous êtes cardiaque, si vous avez des calculs, si vous faites de l'hypertension ou si vous avez une hernie.

Vous êtes allongé au sol, le dos bien à plat, le bas de la colonne vertébrale collé au sol. Inspirez avec le nez et soufflez en vidant tout l'air du ventre, soufflez au maximum. Quand vous n'avez plus du tout d'air dans le ventre, serrez le périnée et faites entrer l'estomac sous les côtes. Pour vous aider à aspirer l'estomac, bloquez votre respiration en bouchant vos narines avec les doigts et faites comme si vous inspiriez – c'est ce qu'on appelle la fausse inspiration thoracique. Sinon, faites-le en apnée. Votre ventre se rentre. Surtout, pensez à serrer le périnée. Tenez un maximum de temps en apnée, l'estomac avalé sous les côtes avec le périnée bien verrouillé. Quand vous sentez que vous n'avez plus d'air et que vous allez lâcher, dans un dernier effort, gardez bien l'estomac aspiré et le périnée serré, et inspirez par le nez. Après cette inspiration, vous pouvez tout relâcher.

C'est la même chose debout : inspirez avec le nez et soufflez en vidant tout l'air du ventre et en arrondissant votre dos, rétroversez votre bassin et mettez vos mains sur vos cuisses. Soufflez au maximum. Quand vous n'avez plus du tout d'air dans le ventre, serrez le périnée et aspirez l'estomac sous les côtes. Cette fois-ci, pour l'aspirer, aidez-vous de la pression de vos mains sur vos cuisses : n'ayez pas peur d'appuyer. Pensez toujours à garder le périnée serré. Tenez un maximum de temps en apnée, l'estomac avalé sous les côtes avec le périnée bien verrouillé. Idem, quand vous sentez que vous n'avez plus d'air et que vous allez lâcher, dans un dernier effort, gardez bien l'estomac aspiré et le périnée serré, et inspirez par le nez. Après cette inspiration, vous pouvez tout relâcher.

Attention

Ne faites surtout pas de crunch la première année suivant votre accouchement afin de ne pas écarter les abdos grands droits plus qu'ils ne le sont déjà, vous pourriez avoir un diastasis. Préférez donc des exercices qui resserrent les abdos, comme la planche et les gainages de toutes sortes. Vous pouvez tenir en planche 3 × 10 secondes, puis augmenter la semaine suivante à 3 × 20 secondes, et ainsi de suite.

CHAPITRE
6

LA MÉDITATION ET LE SOMMEIL

Du lever au coucher, nous menons nos vies à 100 km/heure, et nous enchaînons les tâches quotidiennes : travail, repas, famille, courses, etc. Le planning chargé se répète inexorablement et il faut penser à tout ! Se mettre sur « pause », ralentir le mouvement effréné de la vie devient difficile. Nous sommes pris dans un engrenage tel que nous n'arrivons même plus à prendre le temps de nous reposer. S'allonger sur un canapé en milieu de journée et se détendre devient même culpabilisant. Pourtant, il faut apprendre à dire stop lorsque le corps nous le demande.

Dans une journée, le cerveau capte des milliers d'informations. Certaines sont positives et agréables, d'autres moins, telles que le bruit, le stress. Une bonne nuit de sommeil est importante pour laisser reposer son système cognitif. Mais si la journée a été trop agitée, trop forte en émotions et en informations, le bon sommeil, profond et régénérateur, peut laisser la place à une insomnie. Pour éviter cela, je coupe le téléphone et toutes les images animées une heure avant de me mettre au lit. Et ça marche ! En effet, la lumière des écrans stimule beaucoup trop notre cerveau qui se croit en plein jour. Pour un endormissement rapide et une bonne nuit, une douche chaude, une lecture ou une petite méditation seront beaucoup plus efficaces qu'une série, qui nous emmène parfois jusqu'au petit matin.

PRATIQUEZ AVEC MOI
LA MÉDITATION

Allongez-vous. Pliez les genoux et orientez la pointe de vos pieds vers l'intérieur. Rétroversez votre bassin, le bas du dos doit bien toucher le matelas. Les tensions du dos seront relâchées et votre respiration sera plus fluide. Ressentez votre respiration qui monte et descend dans votre poitrine, comme une vague qui vous caresse. Si vos pensées apparaissent, acceptez-les et abandonnez-vous avec elles, c'est le début du voyage.

Vos orteils sont détendus, vos chevilles et vos jambes sont lourdes, vous vous enfoncez dans le sol, comme aimanté par le centre de la Terre. Vos hanches se relâchent, vos mains sont lourdes. Vos épaules, votre nuque se détendent, votre gorge se relâche, puis à son tour votre langue dans votre bouche. Vos paupières sont lourdes, vos joues, vos tempes, le haut du crâne, le cuir chevelu se détendent. Le stress et les tensions quittent votre corps. Glissez tout doucement vers le calme. Vous êtes capable de vous détendre complètement, votre corps sait le faire. Le rythme cardiaque ralentit, la respiration s'allonge. Soyez fier, ayez confiance en vous. Autorisez-vous le repos et continuez ce voyage, doucement, en glissant vers un sommeil réparateur et profond. Votre esprit et votre corps, ensemble, savent lâcher prise. Glissezzzzzzz, à demain.

Des cernes au réveil ?

Si, au réveil, vous vous sentez reposé, mais que vous avez des cernes bleutés, cela peut venir d'une déshydratation. Vos reins se fatiguent et votre peau le manifeste. Surveillez votre consommation d'eau : buvez au moins 1 litre par jour.

LES HEURES DE SOMMEIL SONT PRÉCIEUSES

Nous devons évidemment dormir suffisamment pour que notre système cognitif soit réceptif. Voici des fourchettes indicatives sur les heures de sommeil recommandées :

- *nouveau-nés : de 14 à 17 heures*
- *nourrissons : de 12 à 15 heures*
- *bébés : de 11 à 14 heures*
- *jeunes enfants : de 10 à 13 heures*
- *enfants : de 9 à 11 heures*
- *adolescents : de 8 à 10 heures*
- *jeunes adultes : de 7 à 9 heures*
- *adultes : de 7 à 9 heures*
- *seniors : de 7 à 8 heures*

Mais tous, nous connaissons des personnes hors normes, des « petits dormeurs » qui se contentent de cinq ou six heures de sommeil, et à l'inverse, des « gros dormeurs », qui ont besoin de neuf à dix heures. Comme toujours, le principal est de s'écouter.

La plupart du temps notre besoin en sommeil est supérieur à ce que nous nous accordons. Pourtant, il est essentiel à notre santé. On sait aujourd'hui que le manque de sommeil bouleverse l'expression des gènes et peut entraîner des maladies. En effet, un sujet qui dort moins de cinq heures par nuit a un risque d'obésité et de diabète de type 2 deux fois et demie plus élevé qu'un sujet qui dort plus de sept heures. De plus, le sommeil joue un rôle sur la santé de nos artères. Les marqueurs de maladies cardiovasculaires sont beaucoup plus présents chez les gens qui ne dorment pas assez.

COMPENSER LE MANQUE DE SOMMEIL : LA SIESTE RÉPARATRICE

Il est recommandé de succomber au plaisir de la sieste. Une microsieste peut suffire. Pour la majorité des gens, 20 minutes sont suffisantes, mais il est important d'être bien déconnecté, c'est-à-dire de choisir pleinement de s'endormir pour récupérer.

On peut passer par la case méditation pour se relaxer auparavant et il faut veiller à éteindre tous les appareils qui pourraient nous perturber. La position la plus réparatrice est la position allongée. Mais si vous êtes chez vous pour la sieste, évitez de vous coucher dans votre lit. Votre inconscient associerait cette sieste à un sommeil de longue durée équivalant à une nuit et le réveil pourrait être rude. Il vaut mieux ne pas mélanger ces phases. Si vous êtes au travail, vous serez plus performant après. Le psychologue Bill Anthony, directeur du centre de réhabilitation psychiatrique à Harvard, dit que la sieste améliore la mémoire et que cette « mise à jour » du cerveau permet d'assimiler plus facilement les nouvelles informations.

LES ÉTIREMENTS

Après une longue nuit de sommeil ou une sieste réparatrice, il est important de s'étirer au réveil et de bâiller. L'action de l'étirement améliore la circulation sanguine en modifiant les capillaires sanguins. Le bâillement détend le haut du corps jusqu'au diaphragme et agit sur la circulation du liquide céphalorachidien, qui joue un rôle sur le plan immunologique. Bâiller fait du bien. Si vous croisez une personne qui bâille, il est fort probable que vous reproduisiez le geste et cela signifie que vous êtes dans une harmonie empathique avec elle : vous interprétez et reproduisez son geste par mimétisme.

L'HARMONIE, LE COCOONING ET LE FENG SHUI

La chambre est une des pièces les plus importantes de la maison car c'est là que nous passons le plus de temps. Pour avoir un doux sommeil, il s'agit de mettre toutes les chances de son côté, alors que la vie est parfois stressante. Il s'agit d'harmoniser l'énergie de la maison, et surtout celle de la chambre.

Je suis une adepte de l'art millénaire chinois qu'est le feng shui. C'est un véritable art de vivre qui permet de se sentir équilibré et serein.

D'abord, il faut veiller à maintenir une température proche des 20 degrés. Ne négligez pas l'aération, même l'hiver, car il est primordial de renouveler l'air, essentiel à l'énergie. Certaines plantes ont des vertus bénéfiques. J'ai toujours entendu dire qu'il ne fallait pas avoir de plantes ni de fleurs dans la chambre, mais c'est une idée reçue. Pour purifier l'air, vous pouvez acheter un *scindapus* doré. À côté d'une fenêtre, préférez un vase de lavande. Cette plante odorante nécessite très peu d'eau et est anti-stress et anti-angoisse. L'aloe vera est parfait dans une chambre, car en plus de lutter contre les ondes électromagnétiques des ordinateurs ou télévisions, il lutte contre les acariens. Le jasmin est un somnifère naturel et son odeur fait voyager. Le cactus, facile d'entretien

et très beau, protège, lui aussi, des ondes électromagnétiques. J'en ai mis dans toute la maison, à côté de du four à micro-ondes, de la box Internet... c'est un dépolluant puissant. Ma plante préférée est la plante serpent, ou *sansevieria trifasciata* : elle est notre alliée, elle n'absorbe pas d'oxygène mais en produit et elle permet d'anéantir assez efficacement les toxines de l'air et des meubles en PVC ou contreplaqué qui contiennent du xylène, benzène ou toluène.

Dans votre chambre, optez pour des couleurs douces et harmonieuses car elles sont apaisantes. Les rideaux occultants, les stores ou les volets fermés sont conseillés car la pénombre aide à l'endormissement et permet parfois de poursuivre un sommeil récupérateur après le lever du jour. Au moment de dormir, vous pouvez tamiser l'éclairage avec des lampes de chevet ou des abat-jour en fibre naturelle pour réduire l'intensité de la lumière.

Les angles de la pièce perturbent la circulation des énergies, et donc empêchent l'équilibre recherché. Il faut les arrondir pour éviter toute énergie tumultueuse, en posant par exemple un petit fauteuil, un pouf, un petit mobilier, ce que vous aimez d'arrondi, forme privilégiée du feng shui. Préférez un mobilier bas pour ne pas surcharger la chambre, installez la tête de lit contre le mur et libérez les bords pour donner une impression d'espace.

Le désordre et la surcharge sont les ennemis du feng shui. Quand les adeptes font entrer un nouvel élément dans leur maison, ils en font sortir un autre. Dans la chambre, c'est la même chose : essayez de conserver uniquement ce dont vous avez besoin, les objets doivent être rangés à leur place dans une armoire fermée. Car pour que l'énergie puisse se mouvoir, il lui faut de l'espace. Si la pièce est petite, ce n'est absolument pas un problème, tant qu'elle n'est pas encombrée d'objets inutiles ou en désordre.

Les insomnies sont souvent liées aux rayonnements électromagnétiques de nos téléphones, ordinateurs, télévisions... Le mieux est de les laisser à l'extérieur de la chambre pour un meilleur sommeil, et de s'isoler du bruit avec un tapis par exemple.

Pour les enfants, c'est la même chose que pour les adultes. La chambre aux teintes reposantes doit être rangée au moment du coucher. Si votre enfant aime les couleurs vives comme le rouge, vous pouvez mettre quelques éléments décoratifs par petites touches ; mieux vaut éviter de placer des étagères ou bibliothèques au-dessus de son lit pour ne pas gêner son sommeil.

✦

ÇA VA TROP VITE, RETROUVONS NOTRE CALME

Si, comme moi, vous trouvez que tout va trop vite, que nous faisons trop de choses en même temps, que nous sommes bombardés d'informations sur l'écran de notre téléphone, de notifications de tous ordres et que nous sommes pris dans cette spirale, voici une anecdote qui m'a marquée. Connaissez-vous l'exemple du morceau de sucre d'Henri Bergson ?

Il y a quelques années, j'étais dans un taxi à l'arrêt au milieu des bouchons, en retard à un rendez-vous, je me sentais ultra-stressée. Le chauffeur écoutait une émission philosophique à la radio pendant que je rongeais mes ongles et tapais le sol avec mon pied de façon frénétique. Le journaliste parlait de notre rapport au temps en donnant l'exemple du morceau de sucre du philosophe Henri Bergson. Je me suis mise à l'écouter. Il expliquait que lorsque l'on met un sucre dans un café, on prend le temps d'attendre qu'il fonde pour boire un café sucré. Ce temps-là est un temps factuel, incompressible. Si cela doit prendre deux minutes, nous attendrons effectivement cent vingt secondes. Ces deux minutes pourront nous sembler interminables... Ce n'est plus une question de temps mais une question de durée. Celle-ci varie selon notre humeur ou selon les circonstances. Deux minutes pour dire au revoir à son amoureux avant qu'il parte en voyage, c'est trop rapide ; deux minutes pour attendre que son sucre fonde tout seul dans son café, c'est trop long. Chaque moment a donc sa durée, subjective.

Je me suis dit, en écoutant la radio : « C'est comme trouver son intention dans le yoga, c'est à moi de donner du sens à cette durée. » Ce que j'ai fait, immédiatement : « Il pleut, tu es au chaud, tu apprends à la radio des choses qui te serviront et tu t'es excusée par SMS pour un potentiel retard, tout est donc sous contrôle, alors sois zen et respire. »

J'essaie d'expliquer à ma fille aînée les bienfaits du temps incompressible, celui que l'on prend pour faire des choses soi-même, à son rythme et avec plaisir. Ava aime lire, coudre, créer. C'est ainsi qu'elle apprend à apprécier la durée des choses, le temps réel, la patience. Ne rien faire et sentir l'ennui arriver n'est pas totalement inutile. Cela repose l'esprit. De ce moment de vide naît toujours une forte envie de vivre.

✦

PRENEZ DU TEMPS POUR VOUS, MÉDITEZ EN RESPIRANT

Asseyez-vous confortablement en tailleur, le dos bien droit, la nuque alignée avec la colonne vertébrale, et fermez les yeux. Posez vos mains sur les genoux, l'index et le pouce se touchent et sont tournés vers le haut. Cette position des doigts, « pointes vers le ciel » (*Jnana mudra*), soulage les tensions nerveuses et régule le flux d'air dans le corps.

Vous pouvez choisir de diriger vos doigts vers la terre. Cette position, pointes vers la terre (*Chin mudra*), augmente l'énergie et l'endurance, améliore la concentration.

Respirez calmement, sentez votre respiration de bas en haut dans votre cage thoracique.

CHAPITRE
7

BIEN SE NOURRIR

S.

Se nourrir est bien plus qu'une nécessité. L'alimentation doit à la fois procurer du plaisir et protéger notre organisme. Il ne faut pas confondre le fond et la forme. En effet, ne nous trompons pas d'objectif : manger sainement, c'est avant tout préserver notre santé. Le *summer body* n'est pas la priorité absolue !

J'ai une morphologie très fine, j'ai toujours mangé sans grossir – même lors de mes grossesses, je n'ai pris que 6 kilos pour Ava et 8 kilos pour Jim. Je rectifie : j'ai toujours mangé n'importe quoi sans grossir ! Je ne buvais jamais d'eau, mais plutôt du soda. En plus de mes repas et de mes grignotages, j'absorbais quasiment tous les soirs des bols de céréales devant des séries... Mes copines me disaient : « La nature est mal faite, c'est fou de pouvoir manger autant sans prendre un gramme... » Alors, non, je ne prenais pas de poids mais je me nourrissais très mal, à base de mauvais aliments. Je ne prenais pas soin de mon corps. J'avais souvent des maux de ventre et des aphtes. Puis, un jour, des boutons sont apparus alors qu'habituellement, je n'en avais jamais. J'ai senti que mon corps faisait un rejet, quelque chose n'allait plus, et j'ai décidé de faire une batterie d'examens. Le verdict est tombé : un pH très acide et une belle intolérance au gluten.

Le pH (le potentiel hydrogène) est une mesure de l'acidité de notre corps, encore appelée équilibre acido-basique. Il détermine le caractère acide, basique ou neutre de l'organisme, lui-même régulant le pH du plasma dans le sang. Mon corps était trop acide et en souffrait.

UN REVIREMENT, C'EST POSSIBLE

À l'époque, la plupart des produits industriels contenaient du gluten et trouver des alternatives s'avérait compliqué. Alors, je me suis tournée vers les magasins de nourriture bio, les seuls à proposer alors des aliments basiques sans gluten (les pâtes, par exemple), et j'ai privilégié les produits non transformés. Mon intolérance était évidente dans les analyses. Si je pense avoir toujours été intolérante, la majorité des allergies au gluten relèvent d'une consommation trop importante de produits transformés, avec adjuvants, dont les pâtes de blé, pains, brioches et pizzas appétissantes font partie. Aujourd'hui, les études ont prouvé que tous les adjuvants, conservateurs, exhausteurs de goût ajoutés aux produits bruts, et notamment aux farines de blé, par les groupes céréaliers provoquent à terme une inflammation de la flore intestinale. Ces farines font lever le pain sans délai, mais à quel prix pour la santé ? Aujourd'hui, trouver dans le commerce une farine de blé, complète ou non, sans additifs, est difficile. Seuls quelques rares et précieux boulangers cultivent et produisent eux-mêmes leur farine.

Je me suis vite prise au jeu du « manger plus sainement », j'ai complètement changé de mode alimentaire. J'achetais des fruits et des légumes de saison, je testais toutes les huiles, les graines, les graines germées, les algues, les laits végétaux, les protéines végétales, les épices... C'était formidable. Je me faisais plaisir, réellement, en mangeant autant qu'avant mais de façon plus variée et en sachant ce que j'absorbais. Manger, mâcher, goûter les aliments, redécouvrir le goût, être à ce que je fais, prendre le temps de déguster... progressivement, mes papilles se réveillaient. J'ai compris qu'aimer et soigner son corps passait nécessairement par une bonne alimentation. Ce fut une sacrée prise de conscience. Dorénavant, ma fille et moi ne mangerions plus que des aliments sains. Et nous les dégusterions.

Je vous propose de découvrir ma méthode à moi, mon AJY « bonne alimentation » ! De l'analyse du pH à la cuisine ayurvédique en passant par les super-aliments, vous piocherez les informations et les ingrédients de votre bien-être alimentaire. Rien ne sert d'être strict avec soi-même, mieux vaut réfléchir et comprendre ce qui peut nous faire du bien, en douceur, pour adopter progressivement des ingrédients propices à améliorer notre quotidien. Je vous ouvre mon univers du bien-vivre, bien-manger.

FAIRE LE POINT SUR NOS BESOINS ALIMENTAIRES

UN BON INDICATEUR, LE PH

Si vous vous sentez fatigué, si vous avez du mal à récupérer après une période de surmenage plus ou moins intense, si vous avez la peau sèche, des aphtes ou même une flore intestinale perturbée, c'est peut-être parce que vous avez un corps trop acide. Les principales raisons d'un pH acide sont le stress, le manque de sommeil et un déséquilibre alimentaire. Les symptômes vous aiguillent. Demandez à votre pharmacien des bandelettes réactives urinaires et testez-vous durant quelques jours. La valeur normale est de 6 ou 7. Si votre pH est inférieur à 5,5, vous souffrez d'acidose. Il faut donc rééquilibrer votre pH et le rendre plus alcalin en adoptant quelques petits changements afin de retrouver un équilibre acido-basique.

Selon la présence de minéraux et de protéines, un aliment est plus ou moins alcalin ou acide pour l'organisme, cela n'a donc rien à voir avec le goût de l'aliment. Par exemple, le citron a un goût acide et pourtant, c'est un des aliments les plus alcalinisants. Il est conseillé de diminuer sa consommation de produits d'origine animale, car ils sont très acides, et d'ajouter dans son assiette des légumes, des fruits, des fruits secs, de boire des tisanes alcanisantes (romarin, ortie, mélisse, sauge, camomille) et dépuratives (fenouil, radis noir).

NE JAMAIS CULPABILISER NI SE PRIVER

Vous l'aurez compris, pour moi, le secret d'une belle peau, d'une belle énergie et d'une bonne santé passe par l'alimentation. En revanche, je tiens à rappeler que je suis absolument contre les régimes minceur et la privation. Quand je n'ai pas envie de faire les courses ni de cuisiner, je me fais livrer une pizza et surtout, je ne culpabilise pas. Et parfois même, j'apprécie un verre de vin (avec modération bien sûr), breuvage qui est un antioxydant puissant. La culpabilisation et le stress sont bien plus mauvais pour notre santé.

Ma petite astuce après des excès

Si jamais – exceptionnellement – vous abusez légèrement du vin lors d'une soirée entre amis, je vous conseille ma recette : mangez une potée réconfortante de pommes de terre et carottes. Pour la faire, rien de plus simple. Mettez les légumes dans une cocotte, recouvrez-les d'eau et laissez mijoter. Mélangez régulièrement à l'aide d'une cuillère en bois jusqu'à obtenir des légumes fondants et servez bien chaud, avec une tisane au fenouil. C'est excellent, les carottes sont antioxydantes et les pommes de terre sont alcalines, donc très efficaces contre l'acidité. Cette alliance met notre système digestif au repos et rééquilibre l'organisme. La tisane de fenouil nettoie en profondeur et élimine les toxines dues aux excès.

LES NUTRIMENTS, LE CARBURANT DE NOTRE ORGANISME

La nature nous a donné le meilleur, les aliments non transformés. Ils se rangent dans trois groupes de macronutriments essentiels pour fournir de l'énergie à notre organisme et assurer ses fonctions vitales :

- *les protéines (animales ou végétales) : elles remplissent de nombreux rôles, dont celui de participer au renouvellement cellulaire, à la réponse immunitaire, au maintien et au développement de la masse maigre, etc. ;*
- *les lipides (graisses, oléagineux, huiles) : ils permettent notamment de stocker l'énergie et de structurer les cellules de l'organisme ;*
- *les glucides (céréales, légumineuses, certains légumes, lait, fruits, sucre blanc) : ils constituent la source d'énergie principale de l'organisme.*

◆ LES SOURCES DE PROTÉINES QUE JE PRIVILÉGIE

Les protéines végétales

Elles se trouvent dans les aliments tels que :

- *les céréales, comme l'avoine, le quinoa, le sarrasin ;*
- *les légumineuses (légumes secs), comme les lentilles, les fèves, les haricots azuki, les pois chiches et le soja ;*
- *les oléagineux, comme les amandes, les graines de chanvre et les graines de courge.*

Petite astuce pour optimiser la qualité nutritive des protéines dans les légumineuses : si vous les faites tremper, je vous conseille de les cuire ensuite dans l'eau de trempage jusqu'à évaporation complète de l'eau. Le fer est en partie éliminé dans l'eau de trempage mais si vous utilisez cette eau pour la cuisson, cela vous permettra de réduire la perte en vitamines et minéraux.

Les protéines animales

Mes parents et mes coachs de sport m'ont toujours dit de manger de la viande pour être en forme. C'est ce que j'ai fait pendant très longtemps, tous les jours et même quasiment trois fois par jour. Je ne me forçais pas, bien au contraire puisque j'adorais la viande. Il fut un temps où je mangeais les steaks hachés par deux. J'aime beaucoup le goût et la texture de la viande rouge. J'aime aussi la viande blanche et le poisson, mais la côte de bœuf m'a toujours fait plus saliver que n'importe quel autre plat. Aujourd'hui, pour ma santé et celle de la planète, je privilégie une alimentation végétale. C'est certes un travail de tous les jours, mais j'y arrive.

Hugo, mon compagnon, est végétarien. Il avait une préférence pour le poisson, mais après avoir découvert la réalité de l'élevage intensif et de la pêche industrielle, il a arrêté toute consommation de chair animale. Les millions de tonnes de viande produites dans le monde ont un impact majeur sur le changement climatique, la déforestation et la consommation d'eau. Chaque année, 65 milliards d'animaux terrestres sont abattus pour être mangés. Imaginez... cela fait presque 2 000 animaux par seconde ! L'élevage mondial représente environ 15 % des gaz à effet de serre émis chaque année, soit à peu près autant que le secteur des transports. 70 % de la surface agricole sur la terre est monopolisée par l'élevage, qui est aussi le premier facteur de déforestation en Amazonie. Rien qu'en France, 3 millions d'animaux sont abattus chaque jour. Et c'est sans compter les poissons !

Hugo, lors d'un reportage, s'est infiltré de nuit au cœur d'un élevage industriel de porcs. Quand il est rentré à la maison, au petit matin, il était tout sale, mais surtout, il sentait la mort. Il a été frappé par la violence de cet univers concentrationnaire. Il m'a raconté avoir vu des dizaines de truies enfermées dans des cages minuscules qui cisaillaient leurs corps tant elles étaient à l'étroit pour se retourner. Il a constaté avec horreur que des cadavres et des porcelets agonisaient au milieu des allées. Dans cet élevage de masse, les cochons ne voient jamais la lumière du jour et sont entassés sur des caillebotis, des grilles à travers lesquelles passent leurs déjections. Notre consommation de porc provient à 95 % de ces élevages intensifs.

Lors de l'écriture de son premier livre intitulé *Comment j'ai arrêté de manger les animaux*, Hugo a rencontré des chercheurs, des médecins et d'anciens salariés d'abattoirs. J'étais là quand Mauricio Garcia-Pereira a raconté ses six années à l'abattoir municipal de Limoges. Six ans dans ce milieu, c'est énorme : la plupart des salariés ne supportent pas aussi longtemps ce métier et la moitié des intérimaires démissionnent dès la première semaine. Le travail est très peu mécanisé. Les ouvriers étourdissent et tuent les animaux au couteau, au milieu d'une mare de sang et des cris des animaux. C'est un travail à la chaîne qui suit une cadence infernale : en moyenne, une vache est abattue toutes les minutes. Pour tenir, la plupart des ouvriers finissent par avoir recours à la consommation régulière de drogue ou d'alcool.

Soyez vigilant sur l'excès de viande. En plus de rendre notre corps acide, la surconsommation de viande et de charcuterie augmente le risque de cancer colorectal. À nous de choisir notre mode et notre rythme de consommation. La viande rouge figure parmi les aliments proscrits en cas d'excès de fer : la digestion de la viande devient alors néfaste aux cellules de l'estomac et des intestins. Au contraire, en cas de carence en fer, la viande rouge en apporte ; mais on peut aussi en trouver dans les légumineuses. Consommez ces dernières avec des aliments qui contiennent de la vitamine C : agrumes, kiwis, poivrons... La vitamine C est excellente pour la fixation et le stockage du fer. En revanche, la consommation fréquente de thé favorise sa fuite. Préférez – notamment, pour les femmes, en période de règles – les infusions ou le rooibos. Les tanins du café réduisent également l'assimilation du fer, alors prenez-le à distance des repas. Si votre corps ne fixe pas le fer – comme pour moi qui suis carencée depuis l'enfance –, votre médecin choisira de vous supplémenter quotidiennement.

✦ LES SOURCES DE LIPIDES QUE JE PRIVILÉGIE

J'aime agrémenter mes plats de différentes huiles vierges de première pression à froid, et non raffinées. Je ne les chauffe jamais afin qu'elles ne perdent pas leurs bienfaits et qu'elles ne s'oxydent pas :

- *les huiles de lin, de chanvre, de colza, riches en oméga 3 ;*
- *les huiles d'olive et d'arachide, riches en oméga 9 ;*
- *les fruits oléagineux, comme les noix, les amandes, les noisettes, les cacahuètes et les pistaches.*

✦ LES SOURCES DE GLUCIDES QUE JE PRIVILÉGIE

Pour donner une belle énergie à mon organisme, je mange sans me priver et en grande quantité des aliments riches en glucides comme :

- *les fruits et les légumes, en respectant la saisonnalité. Je varie les goûts et les couleurs tout en réduisant la pollution engendrée par les transports et en privilégiant les circuits courts ;*
- *les féculents, le matin sous forme de céréales d'avoine et de tartines de riz, maïs, millet... Et pour les autres repas de la journée, je mets toujours dans mon assiette du riz, des pommes de terre ou des pâtes avec une légumineuse. Le fait d'associer ces différentes catégories de glucides lors de mes repas me permet de contrôler ma glycémie et d'avoir un apport protéiné avec tous les acides aminés nécessaires à mon organisme ;*
- *les fruits énergétiques. Après un effort physique, les réserves énergétiques du corps diminuent, c'est alors le moment de favoriser les aliments avec un index glycémique fort et de s'hydrater. Entre deux cours, je mange des amandes, des abricots secs, des graines et, quand c'est la saison, une banane, du raisin ou une poire. C'est excellent pour la récupération.*

✦ LES ANTIOXYDANTS

Pour lutter contre les maladies cardiovasculaires, le vieillissement prématuré des cellules et contre les radicaux libres, faites le plein d'antioxydants, présents dans les aliments suivants :

- *les petits fruits, comme les mûres, les myrtilles, les canneberges, les framboises, les fraises et les pruneaux ;*
- *les légumes, comme les artichauts, les asperges, les brocolis, les oignons, les poivrons, les carottes et le chou rouge ;*
- *les plantes, comme le thym, le gingembre, l'ail et les clous de girofle ;*
- *les oléagineux, comme les noix et les noisettes ;*
- *les légumineuses, comme les lentilles, les haricots rouges et les fèves noires ;*
- *le thé vert, le café, le cacao pur et le vin rouge.*

✦ BIENFAITS ET MÉFAITS DU CAFÉ

J'apprécie le café du matin, qui me booste pour m'occuper de mes filles. Une fois seule, je prends un petit déjeuner copieux et une infusion. J'essaye de ne pas abuser du café. Plus j'espace ma consommation, plus il est savoureux !

LES + : faiblement calorique, il améliore la concentration, il rebooste, c'est un remède anti-migraine, il élimine les excès alimentaires et augmente la dépense énergétique. Une tasse de café contient des vitamines (E, PP, B9) et des minéraux (potassium, sodium, magnésium). Riche en acide phénolique, c'est un antioxydant puissant.

LES - : la caféine provoque un pic d'insuline qui à forte consommation de café (plus de trois-quatre cafés par jour) perturbe l'équilibre glycémique. La caféine bloque l'absorption de la vitamine B, surtout la vitamine B6, avec un impact sur l'homocystéine. Elle empêche de fixer le magnésium et le calcium, provoque fatigue, stress, irritabilité, anxiété et burn-out, et fait encourir des risques d'ostéoporose. De plus, elle stimule l'acidité de l'estomac.

Objectifs

- Limiter la consommation de café à 1 ou 2 tasses par jour.
- Choisir un café de qualité (grand robusta ou arabica), bio et en grains.

✦

LES SUPER-ALIMENTS, C'EST QUOI ?

Naturellement riches en vitamines, en minéraux, en oligo-éléments, en acides aminés et en protéines végétales, les super-aliments sont tout simplement super bons pour la santé et, la plupart du temps, délicieux ! Ne nous en privons pas.

✦ *Les baies de Goji*

Appelées aussi « fruits du bonheur », elles proviennent d'un arbuste épineux de l'Himalaya, en Chine et au Tibet. Ce fruit extrêmement riche contient des acides aminés, des minéraux, des oligo-éléments, du bêtacarotène et les vitamines C, B1, B2, B6 et E. Excellent pour stimuler l'énergie et le système immunitaire. C'est également un traitement de fond contre les infections urinaires à répétition.

Astuce

Dans un blender, préparez votre lait végétal agrémenté d'une cuillère à soupe de cacao cru et une poignée de baies de Goji. Mixez. Régalez-vous.

✦ *Le gingembre*

Aliment aux mille vertus, il fortifie tout l'organisme et est également un puissant antioxydant. Il stimule le système immunitaire, est un précieux anti-inflammatoire et antiviral qui lutte contre la fièvre, la grippe et les allergies. Il soulage différentes douleurs et agit sur les désordres intestinaux (nausées, ballonnements, gaz, douleurs). Il conjure les vomissements.

✦ *Le ginseng*

C'est une plante racinaire venue d'Asie qui aide à lutter contre le diabète, le vieillissement, les baisses d'énergie et qui stimule le système immunitaire.

✦ *Les graines de chia*

Ces graines se trouvent à l'origine dans le désert mexicain. Cultivée par les Aztèques, la graine de chia se raréfie en même temps que son peuple disparaît. Aujourd'hui, elle retrouve une place de choix dans l'alimentation et se cultive dans différents pays d'Amérique du Sud. Toute petite et de couleur claire ou brune selon la variété, cette graine est extrêmement riche en oméga 3 et 6, en fibres, en calcium, en fer, en vitamines C et B9, en protéines, en antioxydants. Elle prévient les maladies cardiovasculaires et réduit les inflammations. Elle se consomme aisément le matin, l'idéal étant d'en laisser gonfler toute la nuit – au minimum quatre heures – une cuillère à soupe dans un bol de lait végétal (amande, noisette, avoine) et de l'agrémenter au petit déjeuner de céréales et de fruits frais.

✦ *Les baies d'açai*

Originaires d'Amérique latine, ces fruits noirs et ronds comme du raisin contiennent des vitamines B1, B2, B3, C, et E ainsi que des oméga 9, qui aident à lutter contre les maladies cardiovasculaires et des oméga 6, qui contribuent à la génération du « bon cholestérol ». Ces fruits ont aussi un fort pouvoir antioxydant et détoxifiant, et sont excellents pour le système digestif et l'éclat de la peau.

✦ *Le curcuma*

Plante vicace dont on consomme le rhizome, elle a des super-pouvoirs : elle présente un effet anti-inflammatoire sur tout l'organisme (intestins, peau, sang, tissus divers). Le curcuma agrémente facilement tous les légumes, les soupes et le riz.

✦ *Les graines germées*

Riches en vitamines, elles agrémentent à merveille les salades, les soupes et toutes sortes de plats. Elles peuvent être issues de légumes, fines herbes (radis, brocoli, fenouil, basilic, persil...), de céréales (blé, orge, seigle, épeautre, avoine, quinoa, sarrasin, millet...), de légumineuses (lentilles, pois chiches...), ou d'oléagineuses (tournesol, sésame, amande, noisette...).

✦ *L'acérola*

Ce fruit sucré d'Amérique du Sud ressemble à une cerise. Il a une teneur en vitamine C cinquante fois supérieure à une orange. Il contient également du bêtacarotène, du phosphore et des minéraux : fer, calcium, magnésium, potassium. Ce super-booster est une aide précieuse en période de fatigue. Chargées d'antioxydants, les baies d'acérola ont également l'avantage de protéger du vieillissement prématuré des cellules et de stimuler les défenses immunitaires.

LA DIÉTÉTIQUE AYURVÉDIQUE

Grâce à l'alimentation ayurvédique, je peux moduler mon alimentation selon les besoins de mon organisme. En cas de coup de fatigue ou de dérèglement ponctuel, les principes de l'ayurvéda m'aident à retrouver rapidement mon énergie.

Pour une vitalité paisible, selon l'ayurvéda, il y a trois vecteurs de santé : Ahara : alimentation ; Vihara : comment vivre sa vie ; Manovyapara : l'état mental. Pour la santé, la beauté et le bien-être, Ahara est indispensable. L'alimentation est notre force de vie.

L'AGNI

Il est le feu digestif. Son équilibre est nécessaire à une bonne digestion, une bonne assimilation des aliments et une bonne élimination des toxines. L'équilibre des doshas agit sur *l'agni*.

LES SAVEURS

Dans l'ayurvéda, comme on l'a vu, les doshas sont les trois énergies vitales qui composent notre organisme. La dominance d'un ou de deux d'entre eux guide la nature profonde de chacun, d'un point de vue physiologique et psychologique. Les doshas se nomment Vata, Pitta et Kapha.

Apprécier le goût des aliments que nous absorbons, c'est prendre conscience non seulement de ce qui nous fait du bien, mais aussi de ce qui nous fait plaisir. Tester, goûter, reconnaître une saveur, c'est éduquer son palais à la nature même des produits et à leurs qualités nutritives. Les produits industriels nous éloignent des vraies saveurs et sont tous trop sucrés ou trop salés. Ils masquent le goût des vrais aliments et par là même la reconnaissance de nos envies et de nos besoins pour notre équilibre alimentaire.

La diététique ayurvédique préconise une alimentation saine et simple, que l'on cuisine soi-même. Choisir ce que nous ingurgitons, pourquoi et dans quel ordre est primordial pour une bonne digestion. La préférence ayurvédique va à la consommation de fruits en entrée.

VATA / AIR ET ÉTHER

Pour tous ceux qui ont un profil Vata fort, il convient de l'équilibrer, de le pacifier par une alimentation :

- *énergétique : des aliments nourrissants qui donnent force et vitalité. Les repas sont réguliers et en bonne quantité ;*
- *réchauffante : manger chaud et s'hydrater de tisanes compense la tendance à la légèreté et la sécheresse de Vata ;*
- *douce : soupes, veloutés, purées, compotes, porridges et autres textures douces sont favorables. Les huiles accompagneront les aliments rugueux tels que poireaux, épinards, brocolis, choux ;*
- *constituée de céréales en grande proportion, de légumes cuits, d'oléagineux, de légumineuses ;*
- *riche et hydratante : huiles d'olive ou de sésame apporteront le gras nécessaire à la chaleur corporelle et à l'hydratation.*

Les aliments qui conviennent bien au profil Vata sont l'ensemble des fruits, légumes, céréales. Les plats chauds et humides sont recommandés.

✦ PITTA / FEU ET EAU

Pour tous ceux qui ont un profil Pitta fort, il convient de l'équilibrer et de le pacifier par une alimentation :

- *dense : céréales, légumes-racines comblent votre appétit soutenu et votre dépense énergétique habituelle ;*
- *rafraîchissante, avec des légumes crus ou cuits, des salades composées ;*
- *composée en partie de céréales, de légumineuses ;*
- *réduite en épices piquantes et en aliments qui ont tendance à irriter l'agni comme le piment et le gingembre ;*
- *évitant l'alcool, le café et le thé.*

Les aliments qui conviennent au profil Pitta sont les céréales, les légumes frais et secs et les fruits. Évitez les épices pimentées. Les plats froids et tièdes sont les bienvenus, tout comme les salades composées avec toutes sortes de pâtes.

✦ KAPHA / TERRE ET EAU

Pour tous ceux qui ont un profil Kapha fort, il convient de l'équilibrer et de le pacifier par une alimentation :

- *légère : légumes cuits au four ou vapeur, légumes en salades, fruits ;*
- *chaude : soupes, légumineuses comme les lentilles, pois cassés ;*
- *boissons chaudes en quantité modérée ;*
- *préparations épicées (gingembre, poivre, piment)*

Les aliments qui conviennent au profil Kapha sont les légumes à cuire, les céréales avec une préférence pour le seigle, le sarrasin, l'orge, toutes les légumineuses et tous les fruits. Les quantités doivent être raisonnables, évitez les aliments gras et sucrés qui ralentissent la digestion. Accompagnez vos repas d'épices. Elles stimuleront la digestion.

LES PLANTES ET LES ÉPICES QUI NOUS FONT DU BIEN

Elles font partie de la cuisine ayurvédique ! Elles parfument nos plats et nos infusions, régalent nos papilles et équilibrent les *doshas*. Découvrez celles qui vous conviennent le mieux.

LES PLANTES ET ÉPICES	DOSHAS
Ail	🔵 🟢
Anis	🔴 🟢
Aunée	🟢
Bardane	🔴 🟢
Basilic	🔴 🟢
Camomille	🔴
Cannelle	🔵 🔴 🟢
Cardamome	🔵 🔴 🟢
Chlorophylle	🔴 🟢
Citron	🔵 🟢
Clou de girofle	🔵 🟢
Coriandre	🔵 🔴 🟢
Curmin	🔵 🔴 🟢
Curcuma	🔵 🔴 🟢
Menthe fraîche	🔴 🟢
Fenouil	🔵 🔴
Gentiane	🔴
Gingembre	🔵 🟢
Laurier	🔵
Oignon	🔵 🟢
Ortie	🔴
Paprika	🔵 🟢
Persil	🔵 🔴 🟢
Piment	🟢
Pissenlit	🔴 🟢
Poivre	🔵 🟢
Rhodiole	🔵 🔴
Roquette	🟢
Romarin	🔴 🟢
Thym	🟢
Valériane	🔵
Verveine	🔵

Vata 🔵 *Pitta* 🔴 *Kapha* 🟢

MANGER ÉQUILIBRÉ DE NOS JOURS

L'EAU

Comment ne pas commencer par vous parler de notre carburant, l'eau ? Notre corps se compose à 76 % d'eau. Cette dernière est essentielle à notre métabolisme. On ne pense pas assez à s'hydrater. L'eau du robinet est bonne à la consommation mais parfois, elle a un goût qui nous dérange et nous craignons qu'elle comporte des résidus de pesticides, ou trop de calcaire.

Astuces pour filtrer l'eau

- *Le charbon actif : il suffit de plonger un morceau de charbon actif – facile à se procurer dans les magasins bio – dans une bouteille en verre et de le laisser au fond entre six et huit heures. L'idéal est d'avoir plusieurs bouteilles avec des bâtonnets de charbon pour toujours disposer d'eau pure. Il faut laisser le charbon dans l'eau, ne jamais le laisser à l'air libre.*

- *Les perles de céramique : elles sont une solution naturelle de filtrage qui nous vient d'Asie. Les perles de céramique sont composées d'une argile pure enrichie de différents micro-organismes actifs. Celles-ci ont pour rôle d'assainir l'eau en limitant le chlore et le calcaire. Pour filtrer 1 litre d'eau, il faut plonger 15 perles dans une carafe ou une bouteille en verre pendant une trentaine de minutes. Elles ont l'avantage d'être réutilisables à vie et ne nécessitent aucun entretien. On les repère facilement dans les magasins bio.*

Selon les saisons, et surtout en été, pensez à consommer des aliments riches en eau (à plus de 90 %), comme les tomates, le concombre, le melon, le citron, la pastèque, les courgettes, le céleri, les fraises.

Avoir sa propre gourde d'eau avec soi est fort utile – et écologique. L'aromatiser naturellement est une astuce de plus pour l'apprécier. Nettoyez bien chaque soir votre gourde à l'aide d'un goupillon (brosse à biberon).

Aromatiser son eau, les recettes

- *Pêche + citron jaune + verveine*
- *Pastèque + concombre + menthe*
- *Melon + citron jaune + basilic*
- *Fraise + citron vert + basilic*
- *Abricot + lavande*
- *Pamplemousse + romarin*

◆ UN CADRE POUR MANGER AVEC BONHEUR

Comment ne pas associer l'équilibre des repas au cadre dans lequel nous nous restaurons ? Même si nous sommes pressé, si nous n'avons que 10 minutes pour manger sur le pouce, prenons le temps de savourer ce petit moment, de trouver un endroit où nous asseoir tranquillement pour apprécier le plat ou le sandwich choisi. La vue nous convient-elle ? Sommes-nous correctement installé ? N'avons-nous pas trop froid ou trop chaud ? En voyage, entre deux rendez-vous ou à la maison, le repas est un temps à part, un moment où l'on reprend des forces. Prêter attention à ce que l'on mange, mastiquer lentement, reconnaître le goût des aliments, être tout simplement à ce que l'on fait concourt à un meilleur sentiment de satiété et à une bonne digestion. À la maison, seul ou en famille, prenez le temps nécessaire à la dégustation, savourez les plats. Se restaurer, c'est faire du bien à son organisme, c'est le choyer, le cajoler et le booster.

◆ VARIER LES MENUS

Manger sainement, apporter à l'organisme tout ce dont il a besoin, c'est avant tout avoir une alimentation variée. La discipline ayurvédique m'a appris à m'écouter et à privilégier les aliments qui m'équilibrent au quotidien. Posez-vous la question de ce qu'il serait bon de manger ce midi ou ce soir. De quoi ai-je envie ? Un repas chaud, un repas froid, plutôt léger ou consistant ? Privilégiez les légumes de saison, le choix est large, et variez les recettes de légumes.

✦ MES RECETTES COUP DE CŒUR

✦ *L'overnight porridge*

Un petit déjeuner complet et rassasiant pour faire le plein d'énergie dès le matin.

- Un fromage blanc : source de protéines
- Des flocons d'avoine ou de sarrasin : source de glucides
- Des fruits frais de saison : vitamines, minéraux et fibres
- Quelques noix et amandes : lipides
- Optionnel : une cuillère à café de graines de chia, source de fibres, vitamines, minéraux et protéines. Ne pas dépasser une cuillère à soupe au maximum de graines de chia par jour.
- Vous pouvez ajouter du sirop d'agave ou du miel pour la petite touche sucrée !

✦ *Dahl aux lentilles corail*

POUR 4 PERSONNES

Rien de plus simple que cette délicieuse recette végétarienne qui fera plaisir aux adultes et aux enfants.

En associant les légumineuses et les féculents, ce plat propose les protéines, les vitamines et les minéraux nécessaires aux apports quotidiens de l'organisme.

N'oubliez pas que vous pouvez doser les épices et varier les aromates. Attention au gingembre, qui pimente le plat.

L'été, je remplace parfois les carottes par des aubergines finement coupées en dés.

INGRÉDIENTS :

- 4 belles tomates (ou en hiver une conserve de tomates concassées)
- 1 cuillère de concentré de tomate
- 4 carottes
- 3 gousses d'ail
- 1 bel oignon
- 25 centilitres de lait de coco
- 150 gr de lentilles corail
- 150 gr de riz semi-complet
- 1 cuillère à soupe de curcuma
- 1cuillère à café de cumin
- 1/2 cuillère à café de gingembre
- Trois branches de coriandre ou de persil selon votre goût.

Hachez l'oignon et l'ail.

Lavez les tomates et découpez-les en dés. Pelez les carottes, et découpez-les en fines rondelles.

En parallèle, préparez le riz. Dans une casserole, versez le riz, une pincée de gros sel, et recouvrez-le d'eau. Laissez cuire environ 20 minutes. Il doit être ferme mais non croquant.

Dans une sauteuse, versez une cuillère à soupe d'huile d'olive et faites fondre l'oignon, puis ajoutez l'ail. Versez ensuite les légumes et saupoudrez avec les épices. Ajoutez enfin le concentré de tomate et la coriandre finement coupée.

Versez le lait de coco et laissez mijoter environ 10 minutes à feu très doux.

Dans une casserole, versez les lentilles corail et recouvrez-les d'eau. Portez à ébullition.

Laissez cuire pendant 10 minutes environ, jusqu'à complète absorption de l'eau. Retirez du feu et laissez reposer.

Dans un plat, versez la sauce sur les lentilles.

Servez les lentilles accompagnées du riz. Bonne dégustation.

✦ *Le bouillon thaï*

POUR 4 PERSONNES

Cette recette facile se réalise en 10 minutes. Les soba, pâtes thaïes à base de farine de sarrasin, sont délicieuses et très digestes. Mais vous pouvez tout aussi bien les remplacer par des nouilles de riz.

INGRÉDIENTS :

- 1 bok choy
- 2 gousses d'ail
- 1 cm de racine de gingembre frais émincé
- 12 cl de tamari
- Une cuillère à soupe de miso blanc
- 200 gr d'épinards
- 200 gr de soba
- 1 concombre
- 4 jaunes d'œufs séparés
- 1 cuillère à soupe de graines de sésame
- Huile d'olive

Emincez l'ail et le gingembre.

Les plongez dans une casserole de 40 cl d'eau à ébullition. Baissez le feu et laissez cuire 10 minutes. Verser la sauce tamari. Réservez.

Coupez le bok choy en longueur et faites-le revenir quelques minutes dans une poêle avec de l'huile d'olive. Ajoutez les épinards.

À part, faites cuire les soba 2 à 3 minutes dans une casserole d'eau bouillante salée. Égouttez-les.

Coupez le concombre en fines rondelles. Répartissez les soba et le bouillon dans des bols. Ajoutez les épinards, le bok choy et les jaunes d'œufs.

Ajoutez les rondelles de concombre (si c'est la saison) et les graines de sésame.

✦ *La blanquette végétarienne*

POUR 4 PERSONNES

Rien de plus simple et chaleureux que ce plat d'hiver traditionnel revisité façon veggie.

INGRÉDIENTS :

- 3 pommes de terre
- 1 poireau
- 3 belles carottes
- 2 oignons
- 1 gousse d'ail
- 300 g de champignons de Paris
- 1 roux
- 25 cl de bouillon de légumes
- 3 cuillères à soupe de crème fraîche
- 400 g de tofu
- le jus d'1 citron

Faites revenir les oignons, l'ail et les champignons de Paris dans 2 cuillères à soupe d'huile d'olive.

Ajoutez le poireau coupé en fines tranches, laissez fondre quelques minutes.

Lorsque l'ensemble est doré, ajoutez les carottes et les pommes de terre coupées en gros morceaux.

Versez le bouillon de légumes.

Ajoutez le tofu coupé en morceaux et la crème fraîche.

Laissez mijoter à feu doux pendant 15 minutes.

Lorsque les légumes sont cuits, ajoutez un roux pour épaissir la sauce. Pour cela, mélangez au préalable dans un bol 25 grammes de beurre fondu et 25 grammes de farine.

Versez le jus d'un demi citron.

Ajustez l'assaisonnement en poivre et sel.

Servez avec un bon riz.

✦ ASSOCIATIONS D'ALIMENTS POUR L'ÉQUILIBRE D'UN REPAS VÉGÉTARIEN / VÉGAN

Il est important de varier les sources de protéines dans le cadre d'un régime végétarien. Afin d'apporter tous les acides aminés essentiels à votre corps, il est nécessaire d'associer différents aliments végétaux : les légumineuses (lentilles, fèves, pois, etc.) avec des céréales (riz, blé, maïs, etc.). Exemple d'association céréales / légumineuses :

- *soja et riz*
- *lentilles et riz*
- *pois chiches et boulgour*
- *pois chiches et riz*
- *lentilles corail et pâtes*
- *haricots rouges et maïs*
- *haricots noirs et quinoa*

Cette association céréales / légumineuses doit se faire au cours de la même journée (céréales le midi et légumineuses le soir ou inversement) ou au cours d'un même repas (un peu de céréales et de légumineuses à chaque repas).

✦ UN REPAS PAR SEMAINE *RAW* – ALIMENTATION VIVANTE OU MANGER CRU

Un légume cuit perd forcément une partie de ses vitamines et enzymes bonnes pour notre organisme. Manger cru consiste donc à consommer les aliments en absorbant le maximum de leurs nutriments. Au fil de la journée, cela consiste à se nourrir de fruits, de légumes et de graines germées, car la germination décuple les propriétés de la graine. Le tout est choisi bio.

Au petit déjeuner, je prends uniquement des fruits et un bol de lait végétal avec du cacao cru, que je mixe au blender pour un aspect mousseux et onctueux. Au déjeuner, ce sont des crudités et des graines germées assaisonnées d'une huile de mon choix, première pression à froid. Au dîner, je fais des soupes chaudes crues. Oui, c'est possible ! Comme les jus, la soupe crue n'attend pas, car les vitamines se dégradent rapidement. Consommez-la dans les 20 minutes qui suivent sa préparation.

✦ VOICI QUELQUES RECETTES FACILES POUR FAIRE VOS *RAW* SOUPES EN QUELQUES MINUTES :

✦ *Soupe crue aux carottes, gingembre, curcuma et graines germées*

POUR 2 PERSONNES / TEMPS DE PRÉPARATION : 10 MINUTES

- 4 carottes
- 1 gousse d'ail
- 3 cuillères à soupe de purée de noix de cajou
- 400 ml d'eau
- 2 cuillères à café rases de curcuma en poudre
- 1 petit morceau de gingembre frais
- Quelques feuilles de persil frais
- 1 poignée de graines germées d'alfafa

Coupez les carottes en morceaux. Pelez et hachez la gousse d'ail et le bout de gingembre. Versez le persil, les carottes l'ail et le gingembre dans le bol du blender. Ajoutez le curcuma et la purée de noix de cajou. Versez 400 ml d'eau chaude dans le blender (pas d'eau bouillante pour ne pas fissurer le bol). Mixez et servez en parsemant de quelques graines germées.

✦ *Soupe crue aux épinards et courgettes*

POUR 2 PERSONNES

- Temps de préparation : 10 minutes
- 2 grosses poignées de feuilles d'épinards
- 1 avocat
- 1 cuillère à soupe de purée d'amande crue
- citron
- Quelques feuilles de persil frais
- 1 cube de bouillon
- 2 cuillères à soupe de tamari
- 1 poignée de graines germées d'alfafa

Coupez les épinards et la courgette en morceaux. Versez-les dans le bol du blender avec la chair d'avocat, les aromates et le jus de citron. Versez 400 ml d'eau chaude dans le blender (pas d'eau bouillante pour ne pas fissurer le bol). Mixez et servez en ajoutant quelques graines germées sur le dessus. Rajoutez un peu de sel si nécessaire.

✦ *Soupe crue aux champignons*

POUR 2 PERSONNES / TEMPS DE PRÉPARATION : 10 MINUTES

- 250 g de champignons de Paris
- 1 avocat
- Quelques feuilles de persil frais
- 1 cube de bouillon
- 2 cuillères à soupe de tamari
- 1 poignée de graines germées d'alfafa

Coupez les champignons en morceaux. Versez-les dans le bol du blender avec la chair d'avocat, les aromates et le jus de citron. Versez 400 ml d'eau chaude dans le blender (pas d'eau bouillante pour ne pas fissurer le bol). Mixez et servez en parsemant de quelques graines germées.

Mes astuces

- **Dans les amandes, il y a de la salicine. C'est un analgésique naturel. Manger environ 15 amandes permet donc de soulager les maux de tête.**
- **À la fin de l'hiver, je fais une cure de sève de bouleau. Elle stimule les organes émonctoires (reins, foie et intestins) et favorise l'élimination des toxines et les déchets de l'organisme grâce à son action diurétique.**
- **Boire au moins 1,5 litre d'eau par jour permet d'éliminer et de se débarrasser des toxines accumulées grâce aux urines.**

L'INDISPENSABLE TABLEAU DES FRUITS ET DES LÉGUMES DE SAISON

Préférons les légumes et fruits produits chez les maraîchers bio de notre région. Limitons notre impact carbone. Mais libre à nous de faire parfois quelques exceptions lorsqu'une orange bio d'Italie ou d'Espagne, un ananas ou des bananes de Guadeloupe nous sont proposés sur les étals du marché.

MOIS	FRUITS	LÉGUMES
JANVIER	Clémentine, kaki, kiwi, orange, poire, pomme	Betterave, brocoli, carotte, céleri, choux, courges, endive, fenouil, mâche, navet, oignon, panais, poireau, radis noir, salade verte
FÉVRIER	Clémentine, kiwi, orange, poire, pomme, pomélo	Betterave, brocoli, carotte, céleri, chou, endive, fenouil, mâche, navet, oignon, panais, poireau, radis noir, salade verte
MARS	Kiwi, orange, poire, pomme, pomélo	Artichaut, brocoli, carotte, céleri, chou, endive, fenouil, mâche, navet, oignon, poireau, radis rouge
AVRIL	Kiwi, orange, poire, pomme, rhubarbe, pomélo	Artichaut, asperge, choux, concombre, endive, fenouil, mâche, navet, oignon, poireau, radis rouge, épinard
MAI	Fraise, orange, pomme, rhubarbe, pomélo, tomate	Artichaut, asperge, concombre, courgette, navet, petit pois, radis rouge, salade verte

JUIN	Abricot, fraise, pastèque, pêche, nectarine, framboise, cerise, rhubarbe, melon, tomate	Artichaut, asperge, aubergine, blette, concombre, courgette, petit pois, poivron, radis rouge, salade verte
JUILLET	Abricot, cerise, figue, fraise, melon, myrtille, pastèque, pêche, prune, nectarine, tomate	Artichaut, aubergine, blette, concombre, courgette, haricot vert, poivron, salade verte
AOÛT	Figue, melon, mûre, myrtille, pêche, nectarine, pastèque, poire, prune, raisin, tomate	Artichaut, aubergine, blette, concombre, courgette, haricot vert, poivron, salade verte
SEPTEMBRE	Figue, melon, mûre, myrtille, pêche, nectarine, poire, pomme, prune, raisin, noix, salade verte	Artichaut, aubergine, blette, brocoli, carotte, chou-fleur, concombre, courgette, haricot vert, oignon, poireau, poivron, salade verte
OCTOBRE	Châtaigne, coing, figue, kaki, pomme, poire, raisin, noix	Betterave, blette, brocoli, carotte, céleri, chou, courges, échalote, endive, mâche, navet, oignon, poireau, radis noir, salade verte
NOVEMBRE	Kaki, kiwi, poire, pomme, noix	Betterave, blette, brocoli, carotte, céleri, chou, courge, échalote, endive, mâche, navet, oignon, poireau, radis noir, salade verte
DÉCEMBRE	Clémentine, kaki, kiwi, orange, poire, pomme	Betterave, brocoli, carotte, céleri, choux, courges, échalote, endive, fenouil, mâche, navet, oignon, panais, poireau, radis noir, salade verte

CHAPITRE
8

LA TERRE EST NOTRE MAISON

Je suis restée quinze ans à Paris, à voir des poussettes d'enfants au niveau des pots d'échappement, à me demander pourquoi ces gens faisaient du footing dans un tel environnement. Lorsque Ava est née, j'ai joué avec elle dans des parcs pollués. Je le vivais mal. Un énorme fossé se creusait entre ma vie en ville et mon état d'esprit, tourné vers la recherche de bien-être. Pourquoi faire de mon mieux pour être en bonne santé, bien nourrir mon enfant, évoluer dans un corps et un esprit sains et, dans le même temps, respirer un air mauvais et me stresser dans une mégapole ? Très rapidement, j'ai compris que je voulais quitter la ville. Aller près de l'océan ou de la montagne, car j'avais besoin d'air et je le souhaitais aussi pour mes enfants.

Biarritz était, pour Hugo et moi-même, l'endroit rêvé, celui où nous venions en vacances depuis des années avant de nous connaître. Il y avait là tout ce que nous souhaitions pour notre famille. On a commencé à visiter des maisons, puis nous avons été confinés et nos projets ont été stoppés.

En mars 2020, alors que ma petite Jim avait deux mois, nous avons eu la possibilité de partir tous les quatre dans le Vercors, au grand air. Impossible de donner des cours en salle, pas de télétravail ni de cours en visioconférence. J'aurais pu être angoissée, mal vivre cette contrainte, mais l'endroit où nous nous trouvions a rendu magique cet épisode inédit. Il y avait une forêt juste devant la maison. Ava passait son temps à lire dans les arbres, à profiter de la nature. Le soir, on voyait les renards piquer quelques restes dans le compost. Je me suis dit en souriant que les premières sorties de Jim au grand air développeraient chez elle des poumons d'athlète.

En mai 2020, au moment de rentrer à Paris, nous avons reçu un appel de la propriétaire de notre logement. Elle avait quitté son travail en Allemagne et devait retourner à Paris avec sa famille. Elle était désolée pour nous et nous avait même trouvé un autre appartement dans notre quartier, le 10e arrondissement. Avec cet appel, elle nous aidait sans le vouloir à accélérer notre prise de décision.

Aujourd'hui, tous les quatre installés à Biarritz, nous avons ce rapport direct à la nature, au vent et à la force de l'Atlantique. Dès que je suis dehors, que je vais chercher Jim à la crèche, je longe la mer, je vois les montagnes... Ces éléments me rendent heureuse et mon besoin de les préserver est devenu indispensable.

UNE PRISE DE CONSCIENCE COLLECTIVE

Prendre soin de son corps, bien se nourrir, se sentir heureux et donner du bonheur autour de soi... rien de cela ne pourra continuer si nous ne prenons pas soin aussi de notre planète, notre maison souveraine, et de tous les écosystèmes vivants. Nous ne pouvons fermer les yeux sur les problèmes écologiques et la destruction de l'environnement par l'homme. Le climat est déréglé et les écosystèmes ravagés. Comment ne pas dénoncer ces catastrophes naturelles ? Les poumons de la terre sont en souffrance : l'Amazonie brûle, les océans sont pollués... Nos forêts sont également détruites pour soutenir l'expansion des villes et leurs équipements. Selon une étude du Forum économique mondial et de la Fondation Ellen-McArthur, si nous poursuivons à ce rythme, en 2050, il y aura plus de plastique que de poissons dans la mer.

L'être humain doit impérativement revoir son rapport à la nature. Nous savons que le réchauffement climatique est plus rapide que nos actions pour le contrer. Et, déjà, beaucoup de nos enfants sont sensibilisés au problème. Ces écosystèmes nous font vivre, nous avons besoin d'eux et nous devons en prendre soin.

Je pense que chacun de nous peut essayer de préserver la planète. Si chaque foyer modifiait quelques-unes de ses habitudes, alors ce serait déjà un bon début. Tous ensemble nous pouvons :

- diminuer notre consommation de viande et de poisson. Acheter la viande en circuit court et préférer le poisson issu d'une pêche plus sélective, comme à la ligne plutôt qu'au filet, qui capture beaucoup trop d'espèces non visées et abîme les fonds marins ;

- acheter nos fruits et légumes produits localement et, si possible, biologiques. Les pesticides et herbicides polluent nos sols et détruisent la biodiversité ;

- remplacer les bouteilles en plastique par une gourde. Si vous craignez l'eau du robinet et son calcaire, vous pouvez mettre dans votre récipient un bâton de charbon actif afin de purifier l'eau ;

- acheter en vrac : on trouve quasiment tout en vrac aujourd'hui, et sans emballage, c'est très souvent moins cher. La première fois, j'étais un peu stressée d'y aller seule. J'avais peur de ne pas avoir assez de contenants, peur d'y perdre trop de temps et que les courses deviennent une expédition. J'ai attendu que les enfants soient à l'école et Hugo à la maison pour faire ma première sortie dans un magasin de vrac. J'ai adoré. La première fois, c'est très ludique, il faut tout repenser... Nous avons choisi en famille les bocaux qui allaient siéger dans la cuisine, nous avons acheté des sachets en tissu, réutilisables, pour y mettre les aliments comme les pâtes, le riz et les graines, et des sacs en tissu plus gros pour y mettre les fruits et légumes. On a élu nos contenants de lessive, d'assouplissant, de liquide vaisselle... Cela nous oblige à consommer les aliments et produits que nous avons dans les placards avant d'en racheter d'autres et de stocker. Les enfants savent bien nous montrer comment éviter le gaspillage. C'est vraiment bénéfique pour l'environnement, mais aussi pour notre santé et notre esprit ;

- avoir un compost dans le jardin. Concrètement, faire son compost consiste à recycler les déchets verts de notre jardin et de notre maison en les réunissant dans un composteur. Avec le temps et l'aide de micro-organismes et de petits animaux comme les bactéries et les vers de terre, les feuilles mortes et nos épluchures vont se transformer en un terreau riche. Cette décomposition devient un engrais 100 % naturel et réduit considérablement la taille de nos poubelles. En 2024, la loi nous imposera de trier les déchets organiques. Des solutions se mettent en place dans les campagnes comme en ville. Il en existe même pour ceux qui ont la chance d'avoir un balcon ;

- utiliser les cosmétiques « zéro déchet » : on arrête les gels douche dans des bouteilles plastique et on les remplace par des savons solides. On trouve également des shampoings, dentifrices et déodorants naturel bio, made in France et sans emballage plastique en magasins bio ou sur certains sites spécialisés. Pour ceux qui ont du mal avec les dentifrices en poudre, car ça en met partout, il existe des dentifrices liquides dans des flacons en verre consignés et rechargeables, ou sous forme de pastilles à croquer, des Cotons-Tiges lavables avec de l'eau et du savon faciles à utiliser – à chaque membre de la famille sa couleur –, ou des cure-oreilles en métal pour ceux qui ne souhaitent pas utiliser de Cotons-Tiges. La petite boucle ôte les saletés au début du conduit auditif et ne peut pas abîmer l'oreille ;

passer aux cotons lavables et/ou à l'éponge de konjac. Je me maquille très peu, mais j'utilise quotidiennement une crème solaire très teintée qui donne un super effet bonne mine et qui protège ma peau des rayons du soleil. Avant de passer au tissu, le soir, pour me démaquiller, j'usais deux ou trois grands cotons. Je vous laisse faire le calcul sur une année. De plus, selon WWF, il faut 5 000 litres d'eau pour fabriquer 1 kilo de coton ! Il m'était impossible de continuer ainsi. Pour me démaquiller, j'étale désormais tout simplement avec mes doigts une huile naturelle de noisette mélangée à de l'eau, ou j'utilise mon petit « savon » démaquillant solide (oui, ça existe aussi !), que je fais mousser avant de nettoyer ma peau et d'en éliminer les résidus avec un coton lavable. Je vous conseille de les acheter suffisamment grands et par lots de 16, afin de tenir plusieurs jours sans passer par la case machine à laver. Pour terminer, je me sers de mon éponge de konjac. Ces éponges sont utilisées au Japon depuis plus d'un siècle car elles exfolient et nettoient tout en douceur. à base de racine de konjac, elles ont un aspect dur et rugueux au toucher. Au contact de l'eau, la racine gonfle, il faut donc humidifier l'éponge plusieurs secondes à l'eau tiède. On peut y ajouter une noisette de nettoyant pour le visage, et on fait des petits mouvements circulaires sur la peau. Son action exfoliante convient à tous les types de peaux, même les plus sensibles. Après utilisation, suspendez-la (elles sont souvent vendues avec une petite ficelle) au-dessus du lavabo pour qu'elle sèche ;

- s'habiller avec des vêtements **made in** France. Soutenir le savoir-faire français aide également à la création d'emplois et les vêtements sont de meilleure qualité. Ou acheter de la seconde main, c'est gagnant pour le vendeur, pour l'acheteur et pour la planète. Avez-vous remarqué que nous portons le plus souvent les mêmes vêtements adorés ? Pourquoi acheter tant ? Consommons moins, mais mieux ;

- vider sa boîte mail et sa corbeille dès qu'on y pense. Tous nos mails sont sauvegardés dans des centres de données. Ces serveurs chauffent et doivent être continuellement refroidis par une climatisation. Supprimer trente mails permettrait d'économiser l'équivalent de la consommation d'ampoule en une journée ;

- arrêter les produits chimiques et nocifs pour astiquer la maison en privilégiant des produits nettoyants qui respectent notre santé et la planète, comme le vinaigre blanc, qui désinfecte et peut aisément remplacer l'eau de Javel, fait briller les vitres et la vaisselle, lutte contre le calcaire, nettoie et désodorise les canalisations et détache le linge. Le bicarbonate de soude nettoie et dégraisse presque toutes les surfaces sans les agresser et il est très efficace contre le tartre. Le savon noir liquide est incontournable pour nettoyer les parquets, les carrelages, la terre cuite, la céramique et le marbre. La terre de Sommières est aussi très efficace contre toutes les taches de graisse. Elle a sauvé le sol d'une maison de location sur lequel, dès le premier jour de nos vacances, nous avions brisé une bouteille d'huile d'olive... Le défi était de taille, le stress intense. Nous avons étalé la poudre sur la tache en croisant les doigts. Quelques heures plus tard, après avoir aspiré la poudre, miracle : la tache avait complètement disparu ;

- utiliser des culottes menstruelles. Au début, je n'osais pas les essayer par crainte que cette protection ne soit pas suffisante. Mais finalement, j'ai pu constater que, quel que soit le type de règles – dans mon cas, très abondantes lorsque j'avais un stérilet, et aujourd'hui plus simples à gérer avec un autre mode de contraception –, c'est vraiment LA solution. J'en ai plusieurs de rechange. C'est facile d'utilisation, et à laver !

ÊTRE EN ACCORD AVEC SOI-MÊME

L'écologie est enfin au cœur des discussions car le réchauffement climatique et la pollution sont constatables par tous. En fabriquant des produits qui polluent les ressources de la planète, nous réduisons les chances de survie de l'homme. Pour éviter ce scénario, seuls notre liberté d'action et notre engagement au quotidien permettront de faire bouger les décideurs et de protéger les générations à venir. À l'échelle de chacun, et à condition que cela soit un choix personnel et réfléchi, changer quelques habitudes nuisibles pour la planète est possible. C'est une affirmation de soi et un acte fort.

Alors, stop aux phrases fatalistes trop souvent entendues, comme : « Je sais qu'il y a trop de plastique mais je continue d'en mettre plein mon Caddie de courses », « Je sais que les océans se vident et pourtant je mange des sushis deux fois par semaine ».

Notre but commun est d'avancer dans la même direction car personne ne pourra dire à nos enfants : « On ne savait pas. » Même si certains s'engagent plus que d'autres, si certains citoyens militent énergiquement, le principal est de prendre conscience de l'urgence et d'agir avec ses propres moyens, parce que c'est une question d'humanité. Nous sommes tous capables de limiter la pollution de la planète, encourageons-nous et valorisons nos efforts. Les ressources de la terre ne sont pas éternelles.

Tout est lié : corps, esprit et nature

- Soyons à l'écoute de notre corps, protégeons-le du stress, connectons-le à la nature. Mangeons sainement, bougeons, respirons.

- Soyons bienveillant les uns envers les autres, respectons-nous.

- Notre planète est notre maison, nos corps sont des temples.

TABLE DES MATIÈRES

REMERCIEMENTS

Je remercie profondément les personnes qui m'ont aidée à trouver mon chemin vers le bien-être, qui m'ont rassurée et encouragée. Je souhaite à chacun d'être entouré de personnes aussi bienveillantes...

Aria Crescendo, ma professeure de yoga, à qui j'adresse toute ma gratitude,

Mathilde Pelou, pour les drainages lymphatiques,

Sophie Stanislas, ma praticienne en luxopuncture,

Pauline Péhau, ma diététicienne,

Jérôme Boulenger, pour la technique Wim Hof et mon premier bain d'eau glacée,

Camille Brugeille, primeur de fruits et légumes La Bonne Poire à Biarritz,

Aurèle Cariès, qui m'a donné envie de me lancer dans cette belle aventure,

Mes élèves, pour leur confiance,

Mes précieux amis, qui sont toujours là (même lorsque je râle),

Micheline Ricard Boix, Yvette Magallon Rosenfeld, Jean Boix et Jean-Claude Rosenfeld, mes adorables grands-parents,

Régine et Hervé Rosenfeld, mes chers parents que j'aime,

Hugo Clément, mon amour, mon pilier,

Ma plus grande fierté, ma raison de vivre, mes merveilleuses filles Ava et Jim.

Éditions Robert Laffont – 92, avenue de France 75013 Paris

Photogravure : Point 11
N° d'édition : 63615/01
Dépôt légal : avril 2022
Imprimé en France par Estimprim – 25110 Autechaux

FSC www.fsc.org
MIXTE
Papier issu de sources responsables
FSC® C003309

Pour en savoir plus :
www.editis.com/engagement-rse/